本邦初！　住まいのジェロントロジー

“生活環境病”による不本意な老後を回避する

―幸齢住宅読本―

監修：伊香賀　俊治（慶応義塾大学理工学部教授）
企画：住まいと住まい方のジェロントロジー研究会

社会保険出版社

目次

本書の構成と目的　6
はじめに　8
〝生活環境病〟による不本意な老後を回避する「幸齢住宅」宣言　10
巻頭言　「黄金の80代」　山本思外里 ……… **12**
鼎　談　「不本意な老後と住まいの関係」　柴田 博・伊香賀俊治・金井 司 ……… **16**
第1章　幸せに老いる基地　幸齢住宅とは ……… **25**
幸齢住宅が目指す「幸せ」　26
幸齢住宅実例レポート「断熱改修をしたら、妻の高血圧がみごとに解消」　30
第2章　人生を幸せに仕上げる「家」の条件 ……… **35**
寒い家が〝生活環境病〟の原因に！　36
1　暖かい家
・寒い家は病気や障害を呼ぶ！　あなたの家の冬の室温は？　38

・高血圧を甘く見ている日本人。朝の寒さが脳卒中の呼び水に　40
・自覚症状がないから怖い。糖尿病にも脂質異常症にも寒さが影響　42
・一番大きな老後の心配、脳の老化や認知症とも関係が！　44
・寝室の温度次第で、眠りが深くなりトイレの回数も減る！　46
・断熱改修すると、家の中でもよく動く人になる！　48
・暖かい家は介護状態になるのも、3年先延ばししてくれる　50
・高齢期の寒さは心が萎え、毎日がじわじわつらくなる　52

2　転ばない、ケガしない家
・バリアフリーも大事だけれど、その前に室内温度の点検を！　54
・災害にも強い家に　58

3　孤立しない・開かれた家
・プライバシー重視の個室化が孤独や孤立のリスクにも　66
・外出しやすい家か、外出を阻む家か、早めに気づこう　68
・エクステリアでつながりを　70
〈健康で幸せが続く住まいをつくる　リフォーム学〉　72

第3章　人生を幸せに仕上げる「暮らし」の条件……85

1　健康寿命を延ばし、認知症を防ぐには

・大事なのは、メリハリのある生活習慣　86
・お口の健康維持と筋トレは意識的に　88
・一人で我慢しない、一人で頑張らない　90
・知らず知らずにフレイルに近づかないこと　92

2　健康感と幸福感が続く人生のために

・健康寿命に縛られすぎない、意識改革を　94
・高齢期の健康は、「生活機能」　96
・主観的健康感と幸福感を大切に　98

3　生涯発達できる人生を

・私たちには、生涯伸びる知能が備わっている　100
・老年的超越で高まる境涯へ　102

第4章　幸齢住宅──「お金」の話 ……… 105

断熱改修後の光熱費削減と暮らしのメリット　106
幸齢住宅──　実現に役立つ資金サポート　108

第5章　幸齢住宅リフォーム　実践モデル ……… 115

［前知識］　リフォームの前に知っておきたい断熱性能の基礎知識　116
［モデル1］　子どもたちは独立。夫婦2人の幸齢住宅に改修　118
［モデル2］　住み慣れた地域で、これからは一人暮らしを楽しむ家に　120
［モデル3］　老親を呼び寄せても、負担感のない暮らしの家に　122
［モデル4］　老後は程よい距離で夫婦がゆったり暮らすために　124
［モデル5］　家事動線に配慮したリフォーム　126
リフォーム相談先　128

引用文献　130
編集後記　134

本書の構成と目的

冬は寒くて当たり前。

そんな日本の家屋が高血圧患者を増やしていた！

しかもそれがやがて、幸せな老後を阻む！

ついに明らかになったこの事実に対して、

科学的エビデンスをお伝えしながら、

では、どんな住まいと住まい方が人生を

老後まで幸せに仕上げてくれるのか。

左の７部構成でお伝えします。

はじめに

これから暮らす家のこと。親の家のこと。
今後の課題を意識したことがありますか？
老年学と建築学、住宅産業、金融業が手を組んで、その課題解決の方法をここに集約。

巻頭言と鼎談

最後まで自分の家で暮らしていたかったのに、老いに忍び寄る病気やケガで、もうここには暮らせない。── 巻頭は、そんな不本意な老後を避けるための道標です。

第1章
幸せに老いる基地
幸齢住宅とは

現役時代と生活が変わり、健康不安と孤独感に襲われがちな 70 代。この落とし穴に嵌らない住まいと住まい方が連れてくる 6 つの幸せと、幸齢住宅の実例レポートをご紹介。

第2章
人生を幸せに仕上げる
「家」の条件

それは、暖かい家。転ばない・ケガしない家。孤立しない・開かれた家。なぜこの 3 つか、エビデンスで解説。この 3 つが揃った家をつくるためのリフォーム学もここで伝授。

第3章
人生を幸せに仕上げる
「暮らし」の条件

次は住まい方（暮らし方）のリセットを。
生活習慣、主観的健康感や幸福感。生涯発達する知能。老年学の概念を知って気持ちを切り替え、生きる価値を知ってください。

第4章
幸齢住宅 ──
「お金」の話

住宅環境を幸齢住宅に整えるには、お金がかかる。そう考えるかもしれませんが、しかし、光熱費が高騰している今、その後の光熱費の削減と、健康と幸せを比較検討すれば…。

第5章
幸齢住宅リフォーム
実践モデル

人生100年時代を最後まで幸せに過ごす“跳躍台”となる 80 代に備えて、今から実践する幸齢住宅リフォームモデルをご紹介。ご自分の人生プランのご参考に。

はじめに

人生100年時代。最後まで住み慣れたまちで暮らし続けていくためには、住まいは欠かすことのできないテーマです。しかし、我が国では、要介護状態になってからの住宅改修対策は取られていても、要介護状態にならずに、できる限り長く元気で自立した生活を続けるには、どのような住環境が必要なのか、あまり語られてきませんでした。**一方、WHO（世界保健機関）は早くから〝住まいと健康〟の関連に着目し、2018年には『住まいと健康に関するガイドライン（Housing and health guidelines）』を全世界に向けて公表し、住環境に潜む健康リスク要因を明確に指摘しています。**以来、我が国でも研究が続けられ、ついに、住まいの健康リスクが元凶になる〝**生活環境病**〟に警鐘が鳴り始めました。

住まいは、ライフスタイルを支える土台です。健康寿命を延ばし、人生を享受するには、土台から人生の基礎を強化することです。もちろん、人生100年といえば、健康寿命を延ばすだけでは、おそらく足りません。歳には敵わない期間が誰にでも生じてくるでしょう。それでも幸せに暮らしてゆくには、どんな住まいと住まい方を考えておけば、安全で安心で、生涯温かい日々を過ごせるのでしょうか。

国内の健康住宅研究を牽引する慶應義塾大学の伊香賀俊治教授を座長に迎え、長い目で健康と幸せを考える「住まいと住まい方のジェロントロジー研究会」が2020年7月に発足しました。人生仕上げのQOLや価値創造まで含有する「ジェロントロジー」と「建築学・住宅産業界」が手を結び、さらに人生100年の資金面も考慮する「金融業」が支える研究会です。以来、月に1度の研究会を重ねた討議、研鑽の成果をまとめてお届けします。老後がつらくなる前に、いつまでも元気で幸せを感じられる住まい＝「幸齢住宅」へ！　住まいにはその力と機能があることをぜひ痛感し、現在のお住まいの見直しにお役立てください。

（2023年5月吉日）「住まいと住まい方のジェロントロジー研究会　一同」

■ 住まいと住まい方のジェロントロジー研究会 ■（構成メンバー）

【主催】

公益財団法人トラスト未来フォーラム

【発起人】

金井　司　（三井住友信託銀行株式会社　サステナビリティ推進部フェロー役員）

柴田　博　（桜美林大学 名誉教授／一般社団法人日本応用老年学会 会長）

【委員等構成メンバー】

座　長	伊香賀　俊治	（慶應義塾大学理工学部 教授）
副座長	星　旦二	（東京都立大学 名誉教授／放送大学 客員教授）
委　員	長田　久雄	（桜美林大学 元副学長・現大学院 特任教授）
	新開　省二	（東京都健康長寿医療センター研究所 元副所長／現女子栄養大学 教授／日本応用老年学会 理事長）
	萩原　真由美	（株式会社社会保険出版社 顧問）
	石川　敦雄	（京都府立大学大学院 准教授）
	乾　靖	（株式会社竹中工務店 まちづくり戦略室 専門役）
	石井　正義	（積水ハウス株式会社 執行役員）
	古溝　洋明	（株式会社 LIXIL 住まい Studio 東京 館長）
	中川　淳	(MS&AD インターリスク総研株式会社 マネジャー上席研究員）

（2021 年 4 月現在）

〝生活環境病〟による不本意な老後を回避する

「幸齢住宅」宣言

「幸齢住宅」、

幸せに歳を重ねることを、実現してくれる住まい。
人生の最後まで、豊かな気持ちと人間関係で、
日々を過ごせる住まいのことを、私たちはこう呼ぶことにします。

現在、我が国では健康寿命を延ばす住まいの研究が急速に進んでいます。
WHOも、冬季室温18度以上の家に住むことを強く勧告しています。
世界の国々がこの勧告に従う努力を積みあげていますが、
我が国はまだ遅れをとっているのも事実です。

廊下が寒い。脱衣所も、トイレも、床も、寒い。
冬になると、寒さを当たり前のように我慢する
家に住み続けていませんか？
それが老化を早め、〝生活環境病〟を招き、
要介護状態のリスクにもなると解明されたのです。
寒さだけではありません。日本の住まいには、他の様々な老化促進リスクと
不本意な老後を迎えてしまう落とし穴も潜んでいます。

そのリスクを取り除き、幸せに歳をとる住まいと住まい方をここにご提案。
ご一緒に、〝幸齢住宅〟づくりを始めませんか？

住まいと住まい方のジェロントロジー研究会

巻頭言

黄金の80代

元読売・日本テレビ文化センター社長
山本思外里

▼80代は老年時代の最盛期。80歳の壁を破れば、ゴールデンタイムに

21世紀になってから「人生80年時代」が始まり、日本人の平均寿命は男女とも80歳を超えて、100歳を目指すことが、それほど困難ではなくなっている。(国連の推計では、2050年までに日本の100歳以上の人口は100万人に達する見込みという。)

日本では、20世紀に至るまで、「平均寿命50歳未満」の時代が長く続いており、「80歳の壁」を破って長生きすることが多年の夢だった。それを象徴するのが、88歳を祝う「米寿」のしきたりで、その年齢まで生きて、これを最後に人生を締めくくるのを誰もが願っていたが、今では、80代は「老年期」で一番盛り上がる「最盛期」。「米寿」は、もはや人生の「締めくくり」ではなく、「黄金の80代」を祝う「長生き記念日」となっている。

「80歳の壁」の存在を最初に提言したのは、アメリカのハーバード大学で多年にわたり「成人発達の研究」をしてきたジョージ・バイラント教授である。同教授は、１９２０年生まれの白人男性を対象にその生存率を調べたところ、生活習慣の良否が原因で、80代までの生存確率に大きな格差が生じることがわかった。統計上では、１９２０年生まれの一般のアメリカ人男性が80歳を超える確率はわずか30％だったのに対し、被験者となった１９２１年生まれのハーバード大卒業者たちは、その2倍にあたる60％が生存したのである。

被験者たちはいずれも白人男性で、中流階級以上の出身。知能指数が高く、その76％が大学院の学位保持者で、50歳時の平均年収は10万５０００ドルという比較的恵まれた人たちだった。しかし、調査責任者のバイラント教授は、生存率を分けたのは、知能指数や両親の収入などのせいではないことを見破っていた。学歴の低い人に短命者が多いのは、「アルコールとたばこの乱用」など不健康な生活習慣が原因であって、学歴の高い富裕層でも、50歳ごろまでに安全な住まいを確保し、そこで良好な生活を築くことができなければ、80歳までは生きられないのである。

人生6合目の後半から、7合目の終わりまでが健康と自信を失う「地雷原」

日本人の男性の場合も、状況は全く同じだ。令和3年厚労省の「簡易生命表」をみると、日本の男性で80歳に到達できたのは約64％（女性は約82％）となっている。長い人生を登山にたとえれば、50歳は5合目、60歳は6合目、70歳が7合目にあたるだろう。6合目の後半から上り坂は段々険しくなり、8合目直前の75歳から79歳までは、最も危険な難所だ。健康が脅かされれば、気力も自信もひ弱になり、いのちのちからが弱まりかねない。年齢階級別死亡率の年次推移統計をみると、75歳という年齢から死亡率が急上昇し、その急傾斜が79歳まで続くのである。

老年期に待ち受けるこうした危険な「地雷原」を、ようやく突破できたと私たちが気付くのは、80歳になってからである。50歳ごろから生活習慣や生活環境に気を付けたおかげで、糖尿病や肺疾患や認知症の心配はすでになくなり、これからは「解放された80代」がはじまる。人間の「80代」は、人生最高の「ゴールデンタイム」であり、「80歳の壁」を破れたということは、「花開く老年期」を手に入れたということになる。

実際に80代を経験した人にしかわからない、「花開く老年期」へ！

「80代」が、なぜ人生の「ゴールデンタイム」なのか。それは、実際に「80代」を経験した人しかわからない〝真実〟なので、今年93歳になる私が、自分の経験を基に、その「理由」をいくつか記しておきたい。

❶〝老いの神話〟からの解放

人間の老年期を、衰退に至る一方的な下り坂とみなす〝老いの神話〟は、もはや通用しない。今は「人生90年、100年」の時代だから、「80代」はまだ上り坂の途中。だから「90歳」を目指す「80代」の人たちは、互いに手を組んで、助け合おうという気持ちが強く、さまざまな「趣味グループ」が生まれている。

❷競争社会からの解放

定年になってから15年以上たち、80歳を過ぎてからも、生き生きと元気に活動しているのは、「毎日が日曜日」なのを利用し、自分のやりたいことを次々に見つけて、毎日を楽しんでいる人たちだ。

❸我欲からの解放

所有欲、権力欲、性欲がぶつかり合う壮年期に比べると、80代にはそうしたギラギラした欲望がなくなり、日々の生活をありのまま楽しもうという気持ちが強くなる。好きな作家の本を読みふける。仲間と囲碁や麻雀で遊ぶ。老人クラブで温泉旅行をする。そういったお金のかからない楽しみが、生活の中心になってくる。

山本思外里（やまもと　しげり）プロフィール

１９２９年旧満州撫順市生まれ。東京大学文学部卒業。読売新聞社に入社し、社会部長、婦人部長、読売文化センター委員会事務局長などを歴任、１９８０年から同社のカルチャー事業を担当。読売文化センター取締役、読売・日本テレビ文化センター社長などを経て、２００１年より全国民間カルチャー事業協議会顧問。

鼎談

不本意な老後と住まいの関係

金井《かない》　司《つかさ》
三井住友信託銀行株式会社
サステナビリティ推進部
フェロー役員

伊香賀《いかが》　俊治《としはる》
慶應義塾大学理工学部
システムデザイン工学科教授
日本建築学会副会長

柴田《しばた》　博《ひろし》
桜美林大学名誉教授
一般社団法人
日本応用老年学会会長

（2022 年 6 月 13 日実施現在）

ジェロントロジー（老年学）と建築学と金融の専門家３人による鼎談。

健康や老後の幸せに、住まいが影響

伊香賀　２０２０年7月に「住まいと住まい方のジェロントロジー研究会」がスタートしました。２０２２年3月まで多くの議論を重ねてきましたが、その成果をまとめるにあたり、まず、本研究会の大前提である〝住まいが人の健康や老後の在り方に大きく影響している〟点について、ここでもう一度確認しておきたいと思います。

金井　人生１００年時代と言われていますが、心休まる老後の日々を得られるかどうかは、住まいの問題は実に大きいと感じています。自分が望んでいないのに、自分の家に住めなくなる状況こそ、まさに〝不本意な老後〟に身を置くことになるからです。

柴田　私は長く老年学の研究をしていますが、「人間が一生幸せであればいい」という究極の概念は変わっていません。しかし、では万人に共通な「幸せな老後」は何かというと、その答えは出ていません。孤独死が不幸で、家族に見守られて亡くなるのが幸せかと言えば、そんなことはない。アルプスの雪の中で結局亡くなってしまっても、それが本望の人もいる。自分で選んだ人生と死に方であればいいという見方もあります。

伊香賀　はい、そうやってほとんどの人は、自分にとっての幸せな老後を自分でイメージしながら、自分で選んで、真面目に生きているんだと思います。それなのに、予想外の事態が生じ、不本意な老後がやってくることがあります。それが住まいの環境から降りかかる例が少なくないのも事実で、しかも結構いきなりやってくる。でもほとんどの人は、それを知らずに過ごしています。

金井　そうなんです。うちの実家の話をさせていただけば、父親は93歳で肺炎になって病院に入り、その後施設に入りあっけなく亡くなりました。それまでは認知症でもなく、大きな体の問題もなく、家にいて本が読めればそれが幸せという人でした。幸せな老後を送っていると思っていたのですが、ちょっとした肺炎がきっかけで入院をしたら、家に帰れなくなりました。

柴田　なぜ帰れなくなったんですか?

金井　介護できる家ではなかったからです。

幸せな老後を住まいが阻む

金井　北陸の鉄筋2階建ての家で、冬の夜、暖房を切るとおそらく5度以下。段差も多く、廊下は狭いし、トイレは遠くて、浴槽は非常に深い。本人は戻りたいと言っていましたが、とりあえず施設でした。前も家の改装を持ち掛けたことがありましたが、もう、自分一人の家にお金をかけることはないという考えで。でも、こうなったら本人が何と言おうとも、大幅に改修しようと思っていた矢先の死でした。幸せな老後を突然住まいに阻まれるリスクをこの研究会でテーマにしていたにもかかわらず、痛恨の極みです。

日本の家屋は、冬が寒い!

伊香賀　お話は北陸でしたが、冬にどれだけ死者が増えるかということを日本の47都道府県で調べてみると、温暖地ほど冬に死者が増えていました。北海道は10%しか増えていないのに、関東でもその2~3倍。心筋梗塞、脳卒中、肺炎がその死因の6割を占めており、家の中が寒いことがリスクではと、国家プロジェクトとして全国の住宅の実態調査を行いました。(P38参照)

北海道は昼夜平均で冬でも室温が20度ぐらい。一番寒い香川は13度で、7度も低いのです。他も大差なく、室温が非常に低いこと

「寒い住まいが死亡リスクになるのではと言われていたにもかかわらず、食生活や運動が研究の主流になり、住居の問題は横に置かれてきたのが日本です。」

が判明しました。日本では冬寒いのは当たり前、暖房はもったいないという意識が強く、寒さが招く病気や要介護のリスクを自覚せずに、高齢になって突然、不本意な老後に見舞われている可能性があります。

柴田　その問題は半世紀以上前からあって、当時の死因の一位は脳卒中で、東北が圧倒的に多いのに北海道は全国平均より低かったんです。注視されたのが食生活と住居でした。北海道の家はデンマーク建築がモデルでしたが、東北までは京都建築で、寒いだけでなくトイレが外にある家が少なくなかった。

伊香賀　ＷＨＯが世界中に向けて、冬の室温を最低でも18度に家の断熱をしなさいと言ったのが２０１８年です。しかし、日本はまだ対応できていません。英国や米国、他の先進国は住居と健康の調査をかなり大規模に進めてきましたが、日本は後手後手に回り、それなりの調査が始まったのがつい最近です。

寿命が延び、住まいと健康が深刻な課題に

柴田　日本は健康との関連では「食」のほうが先で、住居への関心が薄いかもしれません。

金井　なぜでしょう？

柴田　日本は平安時代から住まいの考え方が観念的で、衝立で仕切ればそれで個室という捉え方です。個室には音や温度、空気を遮断するという物的条件を伴うという意識が薄い。

伊香賀　平安時代の話と言えば吉田兼好の『徒然草』です。「住まいは夏を旨として、冬はどんなに寒くても耐えられる」という賢人の教えがずっと生きているんです。

しかしあれは夏が特に暑い盆地の京都で書かれたもの。しかも当時の平均寿命は50歳にも達していない。その年齢の体なら冬の寒さに耐えられても、80、90歳代で人生を過ごす現在は発想を変えなければなりません。

我が国には約5,000万軒の
家がありますが、
断熱性能については、ほとんど今まで
野放し状態でした。

日本にはもう1つ特殊性があり、個人で建てた「家」という私有財産に、強制的に断熱とか、何かをしろと言えない文化があって、他の先進国のように国家が住居の省エネや断熱対策に踏みこんでこなかったのです。

金井　昔、イギリスにいたんですが、築100年、200年という古い家がいっぱいあって、自分の年収が徐々に上がっていくと、それに合った家に住み替えていくんです。だから、私有財産としてずっと1つの家に住み続けることがない。

日本は家を建てたら住み続け、しかもだいたい30年で建て替えなければならなくなるのが日本の家のクオリティなので、断熱された家が建てられてこなかった。一方、寿命は延び、老後を過ごす体に家の寒さが知らずに影響している〝生活環境病〟の問題が大きくなってきている気がします。

何歳頃から、何をしておくべきなのか

柴田　私は今年86歳ですが、20年前、65歳の時に今の家を買った時でさえ、これから課題になる段差のことなど考えていませんでした。でも、あの時から完璧なバリアフリー対策をとっていたより、段差や階段の上り下りを今の介護予防にしていることも重要なポイントです。

伊香賀　おっしゃる通りで、最初から万全な装備の家を用意する必要はありません。大事なのは疾病予防や介護予防のできる家にしておくことで、それには寒くない家、暑すぎない家の対策を本当は若いうちからやっておくべきなのです。そうしておけば、段差の解消や手すりをつけるなどの対策は後からできます。

金井　足腰が弱ってから手すりや段差などの改修をするのは現状対処で、断熱は足腰を

弱るのを遅らせる介護予防であり、肺炎や脳卒中を防ぐ疾病予防。この予防をしっかりしておかないと、幸せな老後のはずが突然どんでん返しに見舞われ、最後のわずか1年や1年半が不本意な人生になり、「終わり悪けりゃみな悪し」みたいなことになってしまうわけですね。

室温が介護認定を受ける年齢にも影響

伊香賀　要介護認定を受けて在宅でリハビリをしている約500人を調査したことがあります。大阪と高知と山梨の約500人のうち、すべてデータがそろった約200人を対象に、家の寒さ状況と要介護認定を受けた年齢や筋力、血圧を分析したところ、冬の居間の床上1mの温度が平均約15度か17度か、たった約2度の違いで要介護になる年齢が約3年違ったという結果が出ました。(P50〜51参照)

もちろん、経済状況とか食生活や運動状況が違えば、要介護になる年齢にも差が出ますから、それらの要因をすべて調整して分析した結果がこれです。室温約2度の違いで3年の差が出たのです。

リフォームか、建て替えか

金井　最低室温が15度とか17度なら、WHOが言う18度にするのも、窓の断熱性を見直したり、床に対策を施したりと、できる範囲が身近ですが、うちの実家のように低温に下がってしまう家ではもう建て替えるしかなくなってしまいますよね?

伊香賀　リフォームで十分できます。断熱リフォームは工事費の半額を国が補助しています。しかも新築同然リフォームのような大掛かりでなくても、高齢になったら寝室を居間の隣に移して、寝室と居間とトイレやお風呂につながる部分だけ断熱工事をして、真冬や真夏はこの空間で小さく暮らす「生活エリア断熱」も賢い方法です。

柴田　老後の健康と幸せにとって、断熱改修の必要性を理解すれば、リフォームか建て替えかが課題になりますが、その前にやはり、最低室温が「18度」という明確な物差しをしっかり示し、そのエビデンスを繰り返し喧伝することが、この国全体の意識革命に一番必要なこと。うちはそんなに寒くないと思っている人が大勢いるでしょう。

伊香賀　実際には、ほとんどの家で18度より下がっているのではないでしょうか。歳とともに着実に血圧が上がっていきますが、10度室温が低い部屋で寝ていると、血圧の上がり方は高齢になるほど激しく、疾病リスクが非常に大きくなる。それを抑えるのが室温だということがはっきりわかってきています。

（P40〜41参照）

最後まで自分の家で暮らしたいなら

金井　もう1つ、心休まる老後の日々のための課題が「間取り」ではないでしょうか。80代後半や90代になれば、いずれ要介護になることも考えておかなければなりません。そんな時に一人どこかの部屋に閉じ込められてしまうのでは、寂しいし悲しい。

伊香賀　先ほど「生活エリア断熱」のところで居間の隣に寝室を移すと言いましたが、その居間との壁は取り払い、間仕切りにしてつながって暮らせるように、しかも広く暮らせるように改修しておくことも大切です。

金井　そうすれば自分が動けなくなっても、みんながいつもそばにいてくれる。そして、なにより、入院した後も帰れる家である。結局Aging in Placeで、住み慣れた家が一番いいという人が多い。それなら最後まで気持ちよく過ごせるように、できることはしておく

「健康のための住まいの室温基準が明確に
示されているのは、多様化の中だからこそ重要。
安全基準は、誰もが納得するまで繰り返し、
示していこうと思います。」

プランを50代、60代から実行しておくこと。それが人生を豊かに過ごすわかれ目の気がします。お金を蓄えたまま「家に帰りたい」と言いながら亡くなるのは本人も残された家族もつらい。

また、お金の手当てが必要なら、我々が銀行としてサポートすることを本気でやっていこうと思っています。

国内でも本格的な断熱対策が進む方向に

柴田　高齢社会の先頭を走る我が国で、一番遅れている高齢者対策は「住まい」です。今日は寒い家のリスク中心で話が進みましたが、断熱は同時に、暑くなり過ぎない熱中症対策でもあり、現在、必要不可欠な省エネ対策でもある。

伊香賀　毎年5万人前後、多い時は10万人近くが熱中症で運ばれていますが、その4割は家の中で熱中症になった高齢者です。

金井　歳をとると本当に暑さも寒さも感じなくなるみたいですね。怖いことです。

伊香賀　その意味でも、実は、この鼎談が行われている今日という日は「改正建築物省エネ法」という法律が国会で成立した記念すべき日です。これでようやく国内住宅の断熱基準の義務化が決まり、3年以内にすべての新築住宅は断熱基準を満たさなければならなくなります。

これに伴い、既存住宅の断熱の見直しも進んでいきます。寒い家に無自覚に住んでいるうちに突然、不本意な老後に見舞われるケースも減らすことができるはずです。

またこの改正内容には、脱炭素社会実現に向けた木材の利活用が盛り込まれ、消費者庁からは脱炭素をうたう悪質リフォーム業者への注意喚起も促されています。

※撮影：岩尾克治

2018年にWHOが公表した『Housing and health guidelines』[1)]

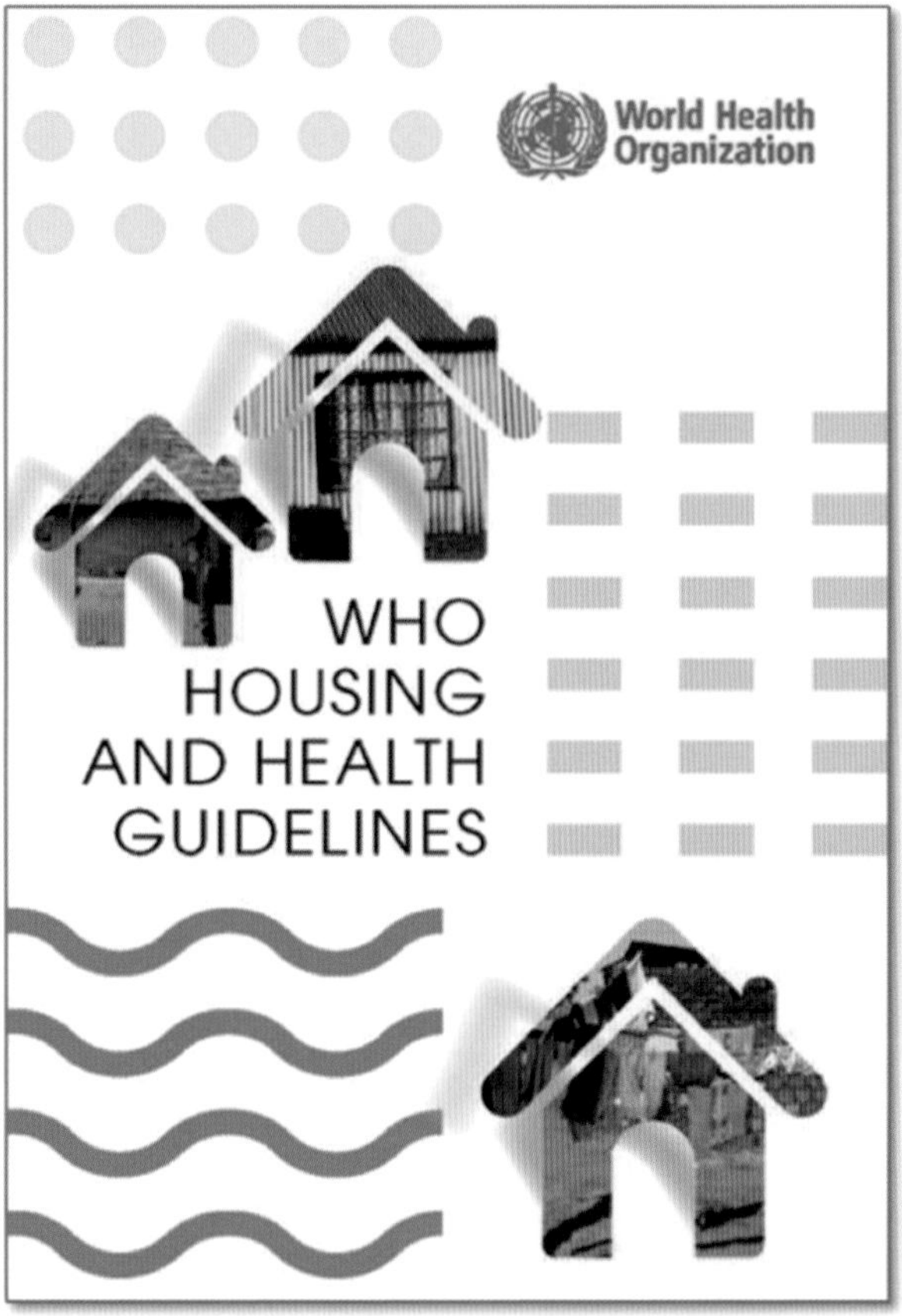

ここに示された「住まいの冬季最低室温18℃以上（小児・高齢者にはもっと暖かく）、新築・改修時の断熱工事、夏季室内熱中症対策などの勧告」は、「住生活基本計画の見直し（2021年3月閣議決定）」、「住宅の品質確保促進法改正による断熱等級7までの創設（2022年3月公布）」、「改正建築物省エネ法による新築時の省エネ基準適合義務化（2022年6月公布）」、住宅新築時だけでなく改修時の省エネリフォーム支援（補助金・税制優遇・融資）の充実などの住宅政策に反映され始めた。

— 第１章 —

幸せに老いる基地
幸齢住宅とは

幸齢住宅が目指す「幸せ」

4

人が集まり、
笑い声が聞こえる、
気楽な暮らしができる
住まい方なら

**家族や知人、
友人がいてくれる！**

5

外出を拒まない設計で、
近所付き合いのある
住まい方なら

**社会や地域と
つながっている！**

6

高齢になっても
困らない対策を施して、
末長く気持ちよく
暮らせれば

**幸福感が
続く！**

幸せな気持ちで
最後まで
自分の地域で
自分の家で
自分らしく、
生きられる。
人生の
ウエルビーイング。
それが、幸齢住宅が
目指す「幸せ」です。

1 持病が悪化したり、
ケガや骨折したりしない、
暖かく安全な家なら

健康寿命が延びる！

2 よく眠れ、食事がおいしい。
そして動きやすい快適な住環境なら

日々のことを前向きに楽しめる！

3 好きなことにも
社会貢献にも意欲が湧く、
気持ちのいい住まいなら

生きがいづくりにも積極的になる！

幸齢住宅が目指す6つの「幸せ」

Aging in Place。「住み慣れた地域で、住み慣れた家で、自分らしく暮らし続けることができる社会の実現」を目指して、我が国では地域包括ケアシステムの整備とさまざまな取り組みが進められています。「老後はどこで暮らしたい？」という質問に、大半の人が「自分の家」を望んでいるのも事実です。長年積みあげてきた暮らしぶりを守りながら歳を重ねていければ、やはりそれが安心して日々を過ごせる人生のはず。本書は、これを実現するための「住まいと住まい方」を提案する１冊です。できれば元気なうちに、できるだけ早く「住まいと住まい方」を見直してみませんか。「住まいと住まい方」こそ、あなたの生活習慣と生活環境をつくる土台だということに、気づいていただけるはずです。土台をつくり直せば、６つの幸せは一連につながって近づいてきます。

幸齢住宅が目指す「幸せ」

健康寿命を延ばして、人生後半の日々を楽しめる

いくつになっても幸せであるためには、やはり健康が資本。当然です。したがって、「幸齢住宅」が目指す幸せの筆頭に挙がるのは「健康寿命の延伸」です。

寒くて段差の多い住まいが誘因となる重い病気や要介護状態に阻まれずに、長く自立して暮らしていれば、好きなことができ、自分の足で行きたい所に行けます。これが何よりも、美味しくごはんがいただけ、気持ちよく眠れ、日々のことが楽しめる条件です。

このような生活が続けられれば、生活の満足度も自然と高まり「ＱＯＬ（生活の質）の向上」に役立ち、「生きがいづくり」を意識した人生を歩むことができるのではないでしょうか。

高いＱＯＬで、心豊かに。つながりのある生き方になる

ＱＯＬとは、人生の質とも訳されますが、物質的な豊かさだけでなく、心豊かに、不満を抱かずに人生を生きているかどうかの指標と言われています。ＱＯＬが高く、自分なりの人生に満足していると、人は「家族や知人、友人」とも、「地域や社会」とも円満につながり、一人暮らしであっても孤立感のない日々を過ごせるものです。

なぜなら、人は、人と繋がっていると、ただ周囲にしてもらうだけでなく、気が付けば、何かしら自分のできることを役割として果たす存在になるから。意識し

ていなくても助けたり、助けられたり、励ましたり、励まされたり。お互い様の役割でつながっているのが人と人です。

やがて足腰が弱ってきても、孤独にならない環境が整う

しかし、長生きすれば、やがてやってくる心身の老化。誰も歳には敵いません。90歳や１００歳に近づけば足腰が弱り、活動範囲も自然に狭まります。実は、これからが本当の人生の質、老後の幸せを決める分岐点でもあります。

歳とるほどに、感度がよくてやわらかい心が生まれる

高いＱＯＬを保ってこのステージに入ることができれば、自分なりの毎日の楽しみを見つけ、喜べる心のアンテナが歳を重ねるほどに敏感になってくるのが人間の本来の姿です。たとえ、もう活発には動けなくても、窓の外の樹木や鳥たちの動きに命を感じ、それまでの温かい人とのつながりが連れてきてくれる来訪者やケアをしてくれる人々の笑顔に、感謝の念が湧いてくることでしょう。

穏やかな幸福感に包まれた、人生のウエルビーイングが手に入る

こうして体が衰えても「幸福感の続く人生」で、ラストステージを過ごしたいと思いませんか。身の丈で、心も体も安寧に保ちながら、周囲の出来事にも、人々にも感謝できる老後こそ、１００年人生にふさわしいウエルビーイングの達成なのではないでしょうか。これを可能にするのも、「幸齢住宅」の役割だということを、次頁から詳しくご案内しましょう。

幸齢住宅
実例レポート

断熱改修をしたら、妻の高血圧がみごとに解消

〝寒い家〟は健康寿命を短くする⁉
高断熱住宅にリフォームしてから
「心も身体も本当に元気になった」という
星旦二先生のお宅にお邪魔して、
健康と住まいの深い関係についてお話をうかがいました。
まさに「百聞は一見にしかず」でした！

星《ほし》　旦二《たんじ》

東京都立大学名誉教授、放送大学客員教授。福島県立医科大学卒業後、東京大学で医学博士に。予防医学の見地から健康長寿、健康住宅に関する研究を行っている。

〝寒い家〟が原因で身体に異変が⁉

東京都多摩市、閑静な高台の住宅街にある星旦二先生・和枝さんご夫妻のお宅。勾配天井の開放感のある2階リビングは南向きの窓から太陽光を取り込み、冬でもぽかぽかと暖かな空気に包まれていました。2014年に高断熱リフォームするまで、冬場は寒さに耐えて生活していたことなど嘘のようです。

「今はどの部屋も18～20度に保たれていますが、リフォーム前はエアコンをつけても効きが悪く、こたつから出られないような生活でした。ある年の2月の夜、外出先

瀟洒な住宅街の一角にある切妻屋根が特徴の星邸。玄関脇の外構はリフォーム後に星先生自らが手がけた

から帰宅したら寝室が6.4度しかなかったこともありました」

星先生のお宅は2002年に建てられた注文住宅。引っ越し当初から寒さを感じていましたが、寒いだけならともかく、自分たちの身体に少しずつ異変が生じ、内装に使われた接着剤などの有機溶剤が原因と思われるシックハウス症候群に悩まされたそうです。さらに引っ越し前は異常がなかった和枝さんの血圧が上がり、高血圧になってしまったのです。

星先生はその頃、住まいと健康の関係を研究するチームに参加し、住宅における熱環境、特に断熱性能が住む人の健康にどう影響するのかを研究していました。数多くのデータから、寒い家に住んでいると高血圧、糖尿病、アレルギー性疾患など、生活環境病につながることを知り、自分たちの不調の原因もこれではないかと思い始めたのです。家のローンはまだ残っていましたが、自らの研究を通して知ってしまった以上はこのままにしておくわけにもいかないとリフォームに踏み切りました。

壁の内側は結露とカビだらけ

まずは問題の寝室とリビングがある2階のリフォームに着手。壁と天井に断熱材（セルロースファイバー）を吹き込み、窓は断熱性能の高い二重窓にしました。

「工事を始めてびっくりしたのですが、壁の内側は結露だらけでカビが生えていました。外からはわからなかったのですが、今までカビが生えた家に住んでいたとはショックでしたね」

内装は天然素材にこだわり、床は無垢材のフローリング、壁はゼオライト（調湿性能の高い天然鉱物）の塗り壁に、ドアもすべて無垢材のものに交換しました。

星旦二先生・和枝さんご夫妻。高血圧だった奥様はリフォーム後に改善。星先生は改修後、一度も風邪をひいていないとか

「実はリフォーム前のドアも木製とばかり思っていましたが、猫が爪を研いだら表面が剥げてしまって（笑）表面に木を貼り付けた合板だったのを、それで初めて知ったんです」（和枝さん）

寝室の壁は元から珪藻土の塗り壁でしたが、上からゼオライトを二重塗りに。この部屋は、星先生が少しずつ自分の手で塗装したそうです。

木のぬくもりで心安らぐ空間に

「リフォームしてから冬の夜でも室温が保たれて空気も乾燥しないので、ぐっすりと眠れるようになりました。それまでは寒かったせいか眠りが浅くて、夜中にトイレに起きていましたから」

そしてリフォームしてから数ヶ月後、和枝さんの高血圧も徐々に下がり正常値になりました。結果的にこたつを廃棄し、ペレットストーブを導入したことで、これまでのように寒くて動けないということもなくなり、活動的になったといいます。

「暖かくなったのはいうまでもないことなのですが、天然木を使っているので木のぬくもりが感じられて部屋にいるだけで気持ちいいんですよね。心理的にも快適な空間になりました」（和枝さん）

2階のリフォームが完了しその快適性に慣れてくると、今度は1階との温度差が気になりだし1階のリフォームも決断。2階と同じように塗り壁にしたほか、床暖房を設置し、無風・無臭でクリーンな空気を保つ輻射式冷暖房器具を取り入れました。

「のべ3回にわたるリフォームでかなり高額な勉強代となってしまいました。最初から熱環境を重視した家を建てていれば半分の価格ですんでいたでしょう。しかし健康には代えられませんし、今の快適な暮らしを知ってしまうとリフォーム前はいかに

ドアはすべて無垢材のものに交換

輻射式の冷暖房システム。夏は冷水、冬は温水を循環させ、放熱パネルで室内温度を一定に調整。エコで自然で体に優しい

南向きの窓から日差しが差し込む明るいリビング。リフォーム前は東側に風呂場があり、名残りの太い柱が広々としたリビングのアクセントになっている

内窓をつけて二重窓にしたことで結露もなくなった

ペレットストーブは炎のゆらぎで心が安らぐ効果もあるそう

21 歳になる愛猫ミクくんは 1 階の床暖房がお気に入り

健康住宅リフォームの実例を多数紹介。『人生を変える住まいと健康のリノベーション』（甲斐徹郎・星旦二著 新建新聞社発行）

我慢して暮らしていたかがわかりました」

高断熱の家で心も温かく

自分の家づくりの失敗から「健康と住まい」の関係について多くの人に知ってほしいという星先生。生活習慣の見直しで病気を防ぐ一次予防、早期発見・早期治療を二次予防、再発防止を三次予防といいますが、高断熱の家に住むことで、まさに〝ゼロ次予防〟を実証していました。

「2人とも風邪をひかなくなって健康になり、床暖房が気に入っている猫はもうすぐ21歳ですがとても元気です。私は趣味のクラリネットを再開するなど家で過ごすのが楽しくなり、子どもたちも孫を連れて遊びにくるようになりました。高断熱リフォームでなにが変わったかをひと言でいえば、〝家族の幸福度が上がった〟といえるかもしれません」

住まいが変わると

住まい方が変わる。

気がつけば、

暮らしのスタイルが

やわらかくなる。

住む人も、訪れる人も

まるく、温かくなる。

―第2章―

人生を幸せに仕上げる「家」の条件

寒い家が〝生活環境病〟の原因に！

2023年1月17日放映のNHK「クローズアップ現代」のタイトルは、『実は危ない！ニッポンの〝寒すぎる〟住まい』でした。

研究データで明らかになった家の寒さによる、命にも関わる血圧の上昇と、その原因が日本の住宅の断熱性能の低さにあること。

そして、それが断熱改修で室温を上げると緩和されること。

それだけに、住環境からくる循環器疾患として、〝生活環境病〟と捉える必要があることが大々的に流布され、国も地方自治体も国内家屋の断熱性能向上に注力しています。

以下に掲げた3つの「家」の条件こそ、まさにこの〝生活環境病〟を回避し、人生を幸せに仕上げる条件にほかなりません。

国際高血圧学会発行の「高血圧 NEWS」2023 年 4 月号 2),3) には、『室温と血圧コントロール』が掲載され、日本の研究者が明かした研究データが世界的に取り上げられています。

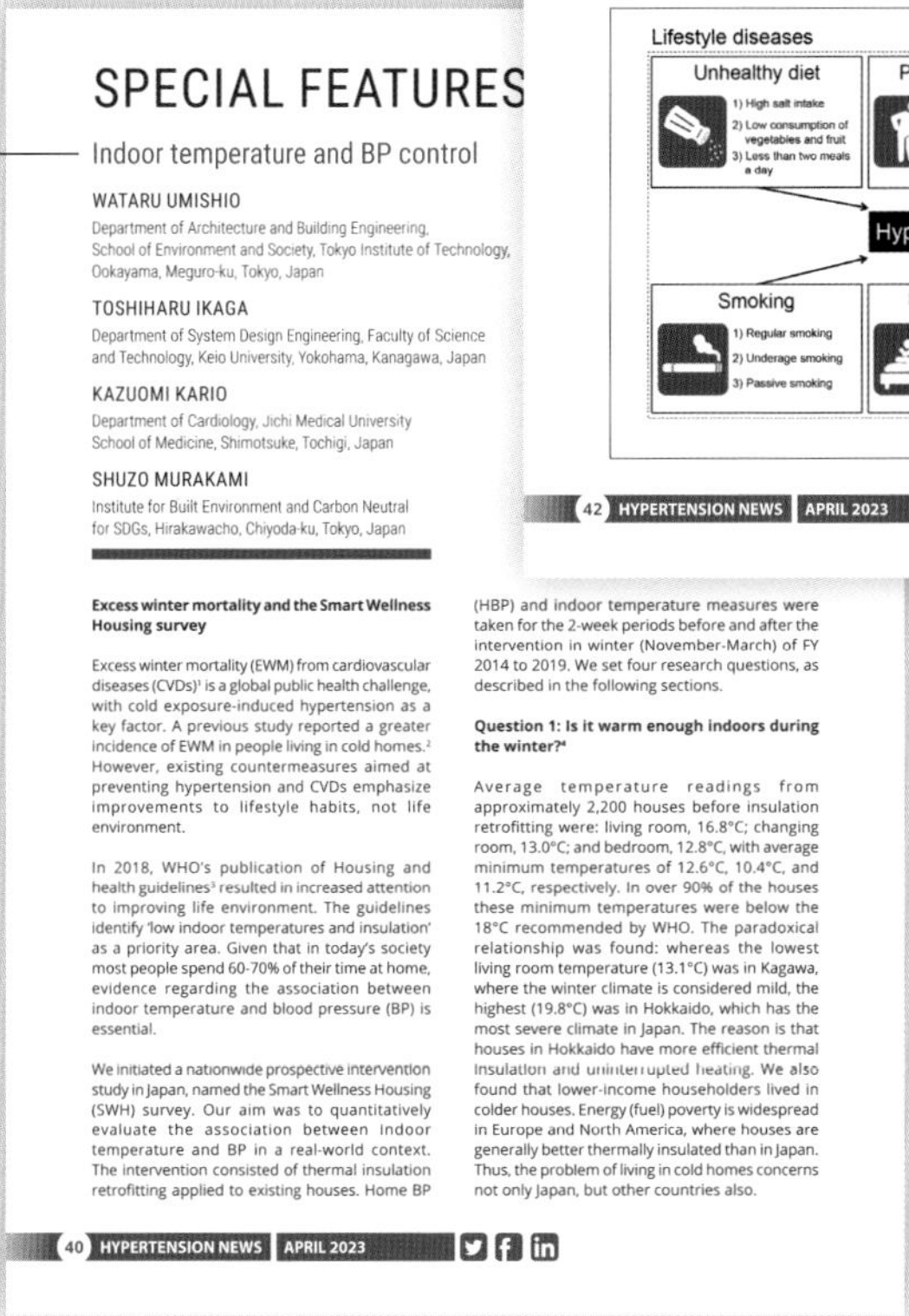

SPECIAL FEATURES

Indoor temperature and BP control

WATARU UMISHIO
Department of Architecture and Building Engineering, School of Environment and Society, Tokyo Institute of Technology, Ookayama, Meguro-ku, Tokyo, Japan

TOSHIHARU IKAGA
Department of System Design Engineering, Faculty of Science and Technology, Keio University, Yokohama, Kanagawa, Japan

KAZUOMI KARIO
Department of Cardiology, Jichi Medical University School of Medicine, Shimotsuke, Tochigi, Japan

SHUZO MURAKAMI
Institute for Built Environment and Carbon Neutral for SDGs, Hirakawacho, Chiyoda-ku, Tokyo, Japan

Excess winter mortality and the Smart Wellness Housing survey

Excess winter mortality (EWM) from cardiovascular diseases (CVDs)[1] is a global public health challenge, with cold exposure-induced hypertension as a key factor. A previous study reported a greater incidence of EWM in people living in cold homes.[2] However, existing countermeasures aimed at preventing hypertension and CVDs emphasize improvements to lifestyle habits, not life environment.

In 2018, WHO's publication of Housing and health guidelines[3] resulted in increased attention to improving life environment. The guidelines identify 'low indoor temperatures and insulation' as a priority area. Given that in today's society most people spend 60-70% of their time at home, evidence regarding the association between indoor temperature and blood pressure (BP) is essential.

We initiated a nationwide prospective intervention study in Japan, named the Smart Wellness Housing (SWH) survey. Our aim was to quantitatively evaluate the association between indoor temperature and BP in a real-world context. The intervention consisted of thermal insulation retrofitting applied to existing houses. Home BP (HBP) and indoor temperature measures were taken for the 2-week periods before and after the intervention in winter (November-March) of FY 2014 to 2019. We set four research questions, as described in the following sections.

Question 1: Is it warm enough indoors during the winter?[4]

Average temperature readings from approximately 2,200 houses before insulation retrofitting were: living room, 16.8°C; changing room, 13.0°C; and bedroom, 12.8°C, with average minimum temperatures of 12.6°C, 10.4°C, and 11.2°C, respectively. In over 90% of the houses these minimum temperatures were below the 18°C recommended by WHO. The paradoxical relationship was found: whereas the lowest living room temperature (13.1°C) was in Kagawa, where the winter climate is considered mild, the highest (19.8°C) was in Hokkaido, which has the most severe climate in Japan. The reason is that houses in Hokkaido have more efficient thermal insulation and uninterrupted heating. We also found that lower-income householders lived in colder houses. Energy (fuel) poverty is widespread in Europe and North America, where houses are generally better thermally insulated than in Japan. Thus, the problem of living in cold homes concerns not only Japan, but other countries also.

40 HYPERTENSION NEWS APRIL 2023

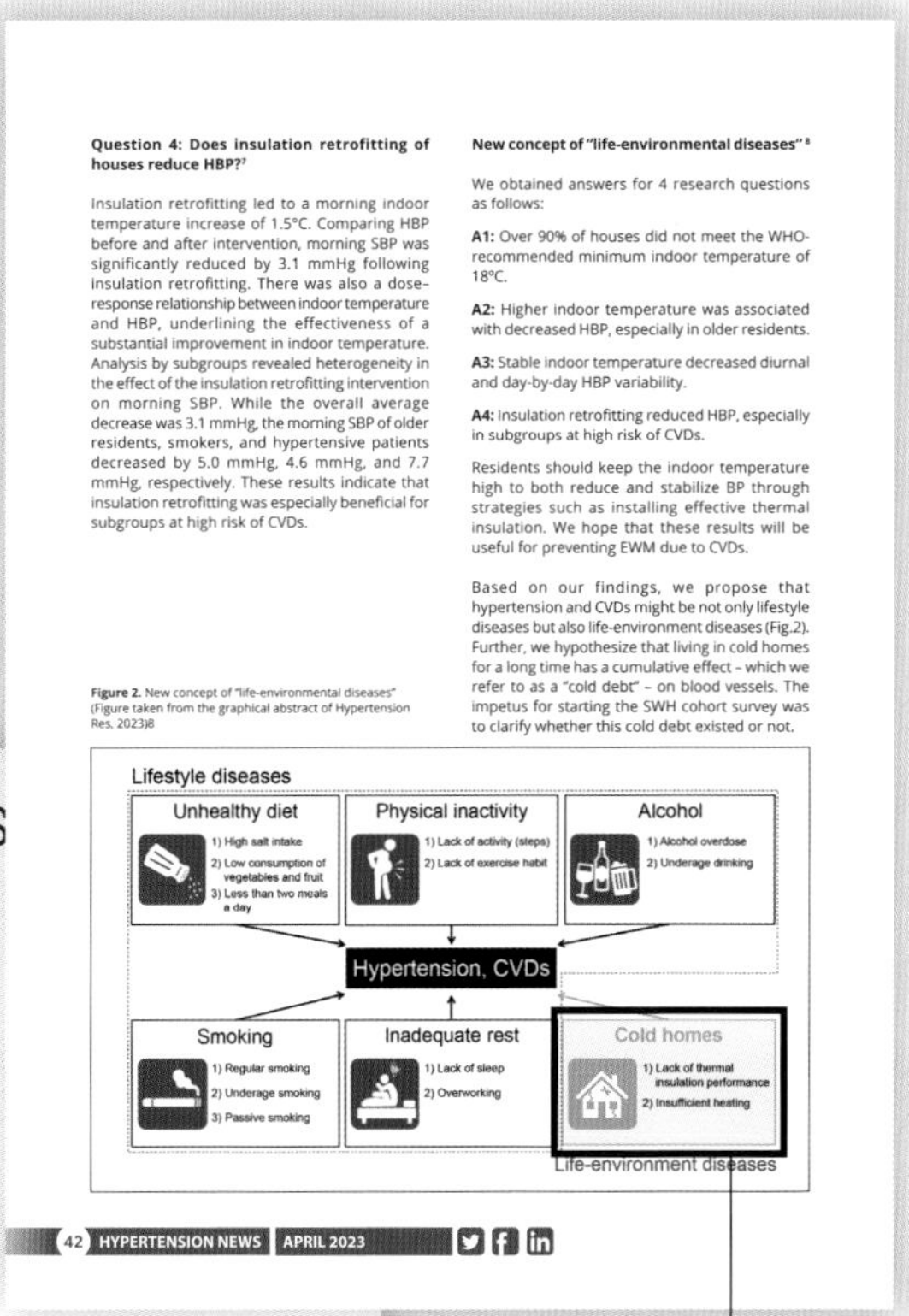

Question 4: Does insulation retrofitting of houses reduce HBP?[7]

Insulation retrofitting led to a morning indoor temperature increase of 1.5°C. Comparing HBP before and after intervention, morning SBP was significantly reduced by 3.1 mmHg following insulation retrofitting. There was also a dose-response relationship between indoor temperature and HBP, underlining the effectiveness of a substantial improvement in indoor temperature. Analysis by subgroups revealed heterogeneity in the effect of the insulation retrofitting intervention on morning SBP. While the overall average decrease was 3.1 mmHg, the morning SBP of older residents, smokers, and hypertensive patients decreased by 5.0 mmHg, 4.6 mmHg, and 7.7 mmHg, respectively. These results indicate that insulation retrofitting was especially beneficial for subgroups at high risk of CVDs.

New concept of "life-environmental diseases"[8]

We obtained answers for 4 research questions as follows:

A1: Over 90% of houses did not meet the WHO-recommended minimum indoor temperature of 18°C.

A2: Higher indoor temperature was associated with decreased HBP, especially in older residents.

A3: Stable indoor temperature decreased diurnal and day-by-day HBP variability.

A4: Insulation retrofitting reduced HBP, especially in subgroups at high risk of CVDs.

Residents should keep the indoor temperature high to both reduce and stabilize BP through strategies such as installing effective thermal insulation. We hope that these results will be useful for preventing EWM due to CVDs.

Based on our findings, we propose that hypertension and CVDs might be not only lifestyle diseases but also life-environment diseases (Fig.2). Further, we hypothesize that living in cold homes for a long time has a cumulative effect - which we refer to as a "cold debt" - on blood vessels. The impetus for starting the SWH cohort survey was to clarify whether this cold debt existed or not.

Figure 2. New concept of "life-environmental diseases" (Figure taken from the graphical abstract of Hypertension Res, 2023)8

42 HYPERTENSION NEWS APRIL 2023

生活習慣病という概念だけで捉えられてきた高血圧の要因に、はっきりと、“寒い家が原因になる生活環境病”という新しい概念が加えられました。

寒い家は病気や障害を呼ぶ！　あなたの家の冬の室温は？

日本以外の先進国は健康政策に住環境の条件が組み入れられ、健康維持に適切な暖房基準が示されています。「冬季室温18度以上」、これがWHO（世界保健機関）が健康的な住まいのために強く勧告している世界的な〝物差し〟です。

この物差しを知っている日本人がどのくらいいるでしょうか？　家を建てる、リフォームする工務店でもきちんと認識している数のほうが少ないかもしれません。ましてや生活者は言うまでもありません。

しかし、国土交通省を中心に、国では全国約2，000軒・約4，000人を対象に「住まいと健康」の関係を明らかにする『国土交通省スマートウェルネス住宅等推進事業調査』を2014年からスタートし、5年をかけたその調査データが分析を終え、続々と発表されているところです[4,5]。

生活環境病の発症と悪化、睡眠の質の低下、転倒骨折など要介護状態になるリスクの増加は、すべて住環境、特に家の中の寒さと密接に関係していることが科学的に解明されたのです。冬の寒さで血圧が上がり脳卒中を起こすアクシデントは、実は寒い北海道のほうが断然少ないのも、北海道は室内が暖かいから。生活習慣の見直しのその手前、寒さから住まいを守るゼロ次予防の必要性に目を向ける時がきました。

1. 日本では温暖地ほど住まいが寒い

〈冬季の在宅中平均居間室温〉[6]

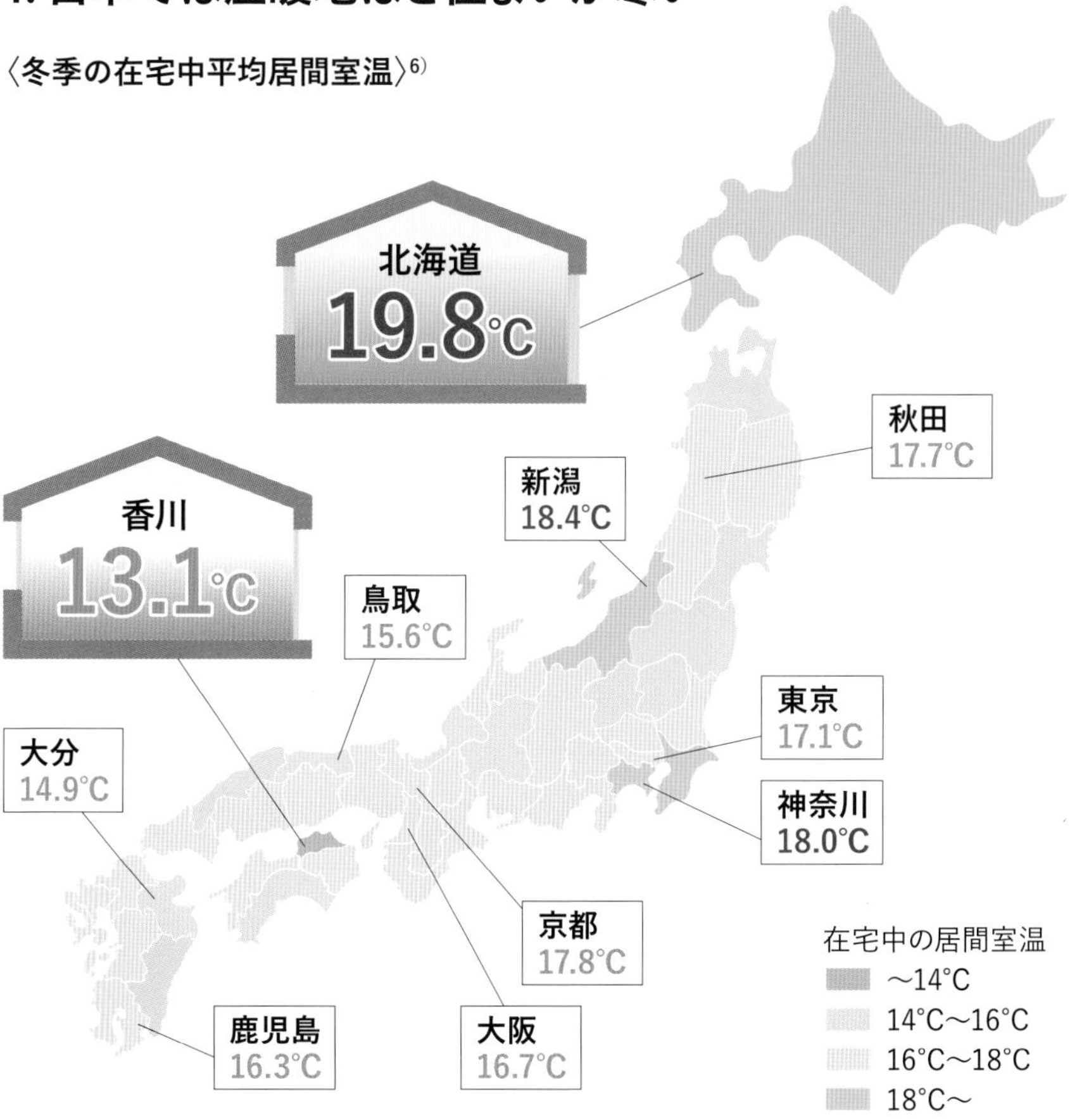
北海道
19.8℃
香川
13.1℃
秋田
17.7°C
新潟
18.4°C
鳥取
15.6°C
東京
17.1°C
大分
14.9°C
神奈川
18.0°C
京都
17.8°C
鹿児島
16.3°C
大阪
16.7°C
在宅中の居間室温
〜14°C
14°C〜16°C
16°C〜18°C
18°C〜

2. 住まいの温度環境チェック

□ 寝室で冷暖房がきかずに、暑さや寒さを感じることがありますか？
□ 居間や食堂で冷暖房がきかずに、暑さや寒さを感じることがありますか？
□ 冬にトイレが寒いと感じることがありますか？
□ 冬、部屋を出たときに廊下が寒いと感じることがありますか？
□ 居間・寝室・廊下にすぐに見える温度計を設置していないのでは？

☑の数が多いほど、毎年、寒さでじわじわと健康が蝕まれるリスク大です。

高血圧を甘く見ている日本人。朝の寒さが脳卒中の呼び水に

40〜70歳男性の60%、女性は40%が高血圧者。それが75歳以上になると男女ともに70%以上に！　世界の中でも飛びぬけて高い数字です。多くの高血圧、あるいはやや高血圧と言われている方々にとって、起床時に血圧が急上昇するのは、とても危険なことだと再認識してください。

左頁をご覧ください。起床時の室温と最高血圧の関係は、室温が20度から10度に下がると、平均約10㎜Hgも血圧が上がることが判明しています。これだけ急上昇すると、脳卒中のリスクが25%も高くなるそうです。冬の朝の室内の寒さがどれだけ危険か。目をつぶらずに、60代、70代前半のうちに、寝室の断熱改修を考える必要がありそうです。

実際に断熱改修を行なった実証実験の結果では、起床時の最高血圧が、改修前の血圧より3.1㎜Hg低下。高血圧で通院している人の血圧低下量はさらに大きく、7.7㎜Hgも低下していたのです。

厚生労働省は40〜80歳代の最高血圧が平均4㎜Hg低下すると、脳卒中や冠動脈疾患による年間死亡者数が約1５、０００人減ると推計しています。日本人の高血圧対策に、家の断熱改修がいかに重要か改めて知らされる事実です。

また、脳卒中は冬の寒さが危険とばかり思っているかもしれませんが、この数年は夏の脳梗塞も増えています。猛暑で就寝中に室内が高温になり、汗をかいて血が濃くなると血栓ができやすくなります。それが脳の血管まで流れて詰まるのが脳梗塞。老後プランを考えていたのに、突然の脳梗塞。そんな事態を避けるためにも、外気温の影響を減らす寝室の断熱性が重要です。

3. 室温が10℃下がると、血圧が10 mm Hg上がる！

〈年齢・性別の起床時最高血圧推計〉[7]

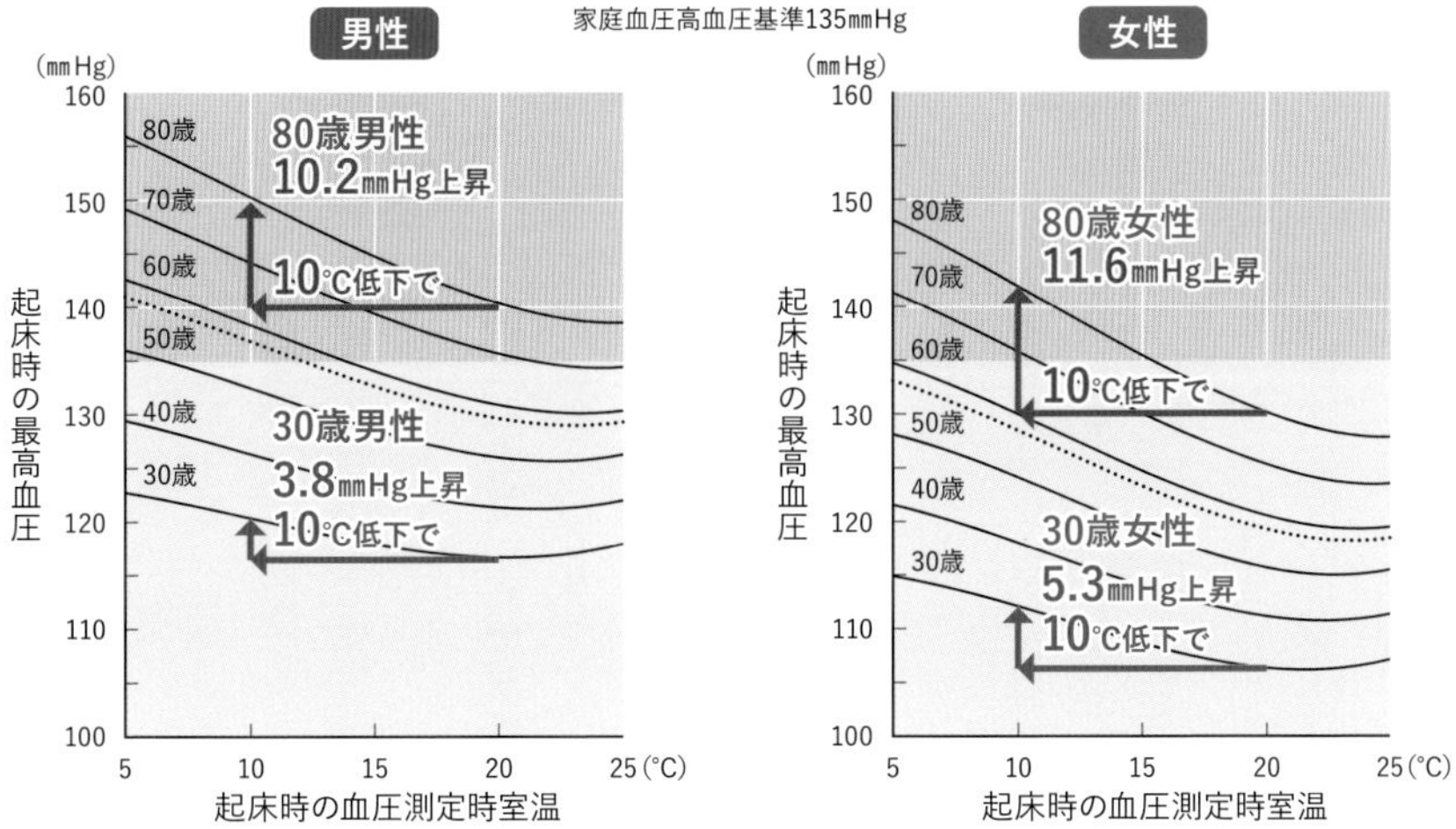

男性
家庭血圧高血圧基準135mmHg
女性
(mmHg)
160
150
140
130
120
110
100
起床時の最高血圧
80歳
70歳
60歳
50歳
40歳
30歳
80歳男性
10.2mmHg上昇
10℃低下で
30歳男性
3.8mmHg上昇
10℃低下で
80歳女性
11.6mmHg上昇
10℃低下で
30歳女性
5.3mmHg上昇
10℃低下で
5
10
15
20
25(℃)
起床時の血圧測定時室温

4. 断熱改修で、血圧が下がった！

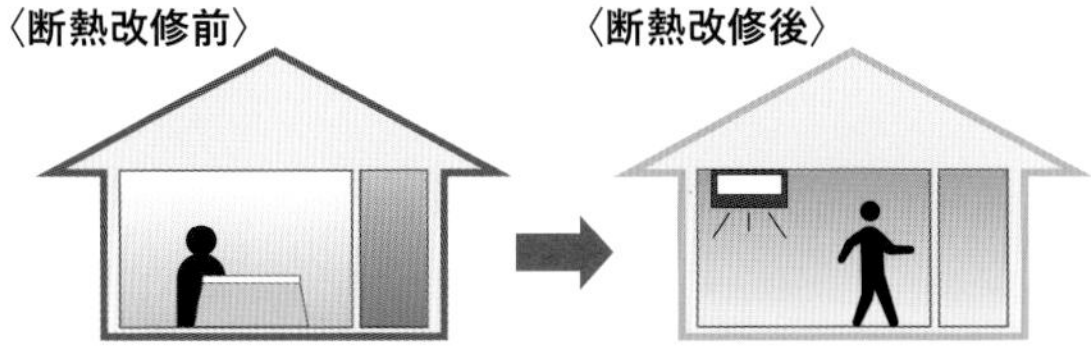

〈断熱改修前〉
〈断熱改修後〉

国土交通省の「スマートウェルネス住宅等推進モデル事業」の補助を活用。窓を複層ガラスにして、床や壁に断熱材を施工した断熱改修を行なった結果、改修後2週間でも、左下のように、朝の最高血圧が低下。

特に高齢者、通院中の人ほど低下幅が大きいということは、室温がそれだけ健康寿命と関連しているのを実感させられます。

〈断熱改修後の血圧の変化〉[8]

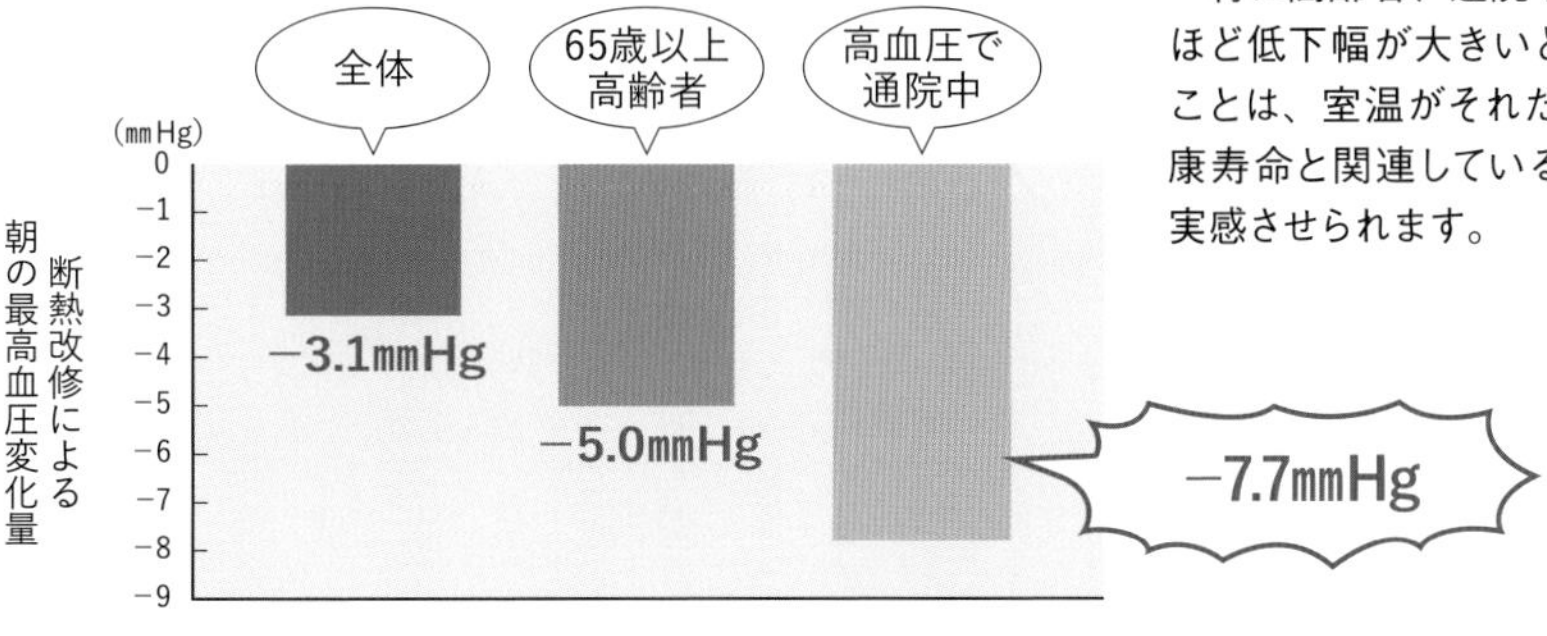

全体
65歳以上
高齢者
高血圧で
通院中
(mmHg)
0
−1
−2
−3
−4
−5
−6
−7
−8
−9
断熱改修による
朝の最高血圧変化量
−3.1mmHg
−5.0mmHg
−7.7mmHg

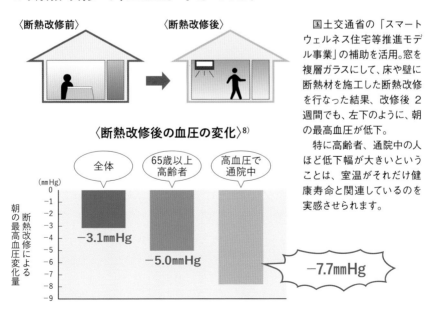

自覚症状がないから怖い。糖尿病にも脂質異常症にも寒さが影響

国内で患者数がダントツ多い高血圧症に次いで多い生活習慣病が糖尿病と脂質異常症です。血糖値やコレステロール値が基準値を超えているので、生活習慣を見直しましょうと言われている中高年がこの国には大勢いるはずです。

しかし、どちらもかなり進行してしまうまで症状が出ないのでなかなか自覚できず、血中脂質や血糖がたまってドロドロ血液になっている人も少なくありません。原因は、偏った食生活と運動不足。それも事実です。ただ、寒い家で暮らしているほうが糖尿病にも脂質異常症にもなりやすいのも、事実だったのです！

左頁は、脱衣所や廊下の床上1ｍの温度と、居間の床上1ｍの温度を測り、糖尿病や脂質異常症の発症状況を調べたデータです。糖尿病は14度以上あるかないかで差があり、たとえ居間が14度以上あっても、脱衣所や廊下が寒いと、1・64倍糖尿病の人が多いことが判明。同じく、居間は18度あっても、脱衣所や廊下が寒いと脂質異常症も1・46倍多くなっていました。

断熱性が低い家は、部屋と廊下などとの温度差が大きく、その差に身を置くたびに血管の収縮が繰り返されて、動脈硬化が進みやすくなります。この影響が表れるのが健診値で、断熱性の高い暖かい家に住む人より、寒い家に住む人は総コレステロール値が高いリスクが2.6倍、ＬＤＬコレステロール値が1.6倍あり、心電図の異常所見も1.9倍多く見られました。健診値が高めなのは歳のせいだと思っていると、室内の寒さがその悪化を加速するリスクになり、心臓発作や脳卒中の後遺症と人生を送ることになる心配が「ない」とは言えません。

5. 糖尿病に1.6倍、脂質異常症に1.4倍なりやすい！

〈室温と糖尿病・脂質異常症〉[4),22)]

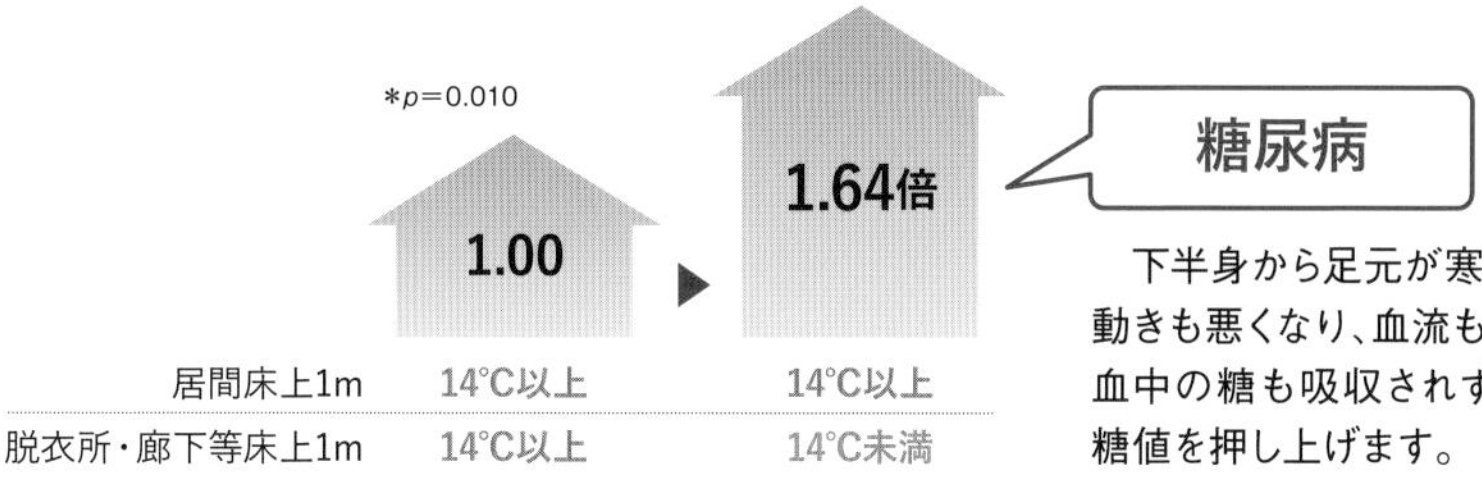

*p=0.010
1.00
1.64倍
居間床上1m 14°C以上 14°C以上
脱衣所・廊下等床上1m 14°C以上 14°C未満
糖尿病

下半身から足元が寒いと、動きも悪くなり、血流も停滞。血中の糖も吸収されずに血糖値を押し上げます。

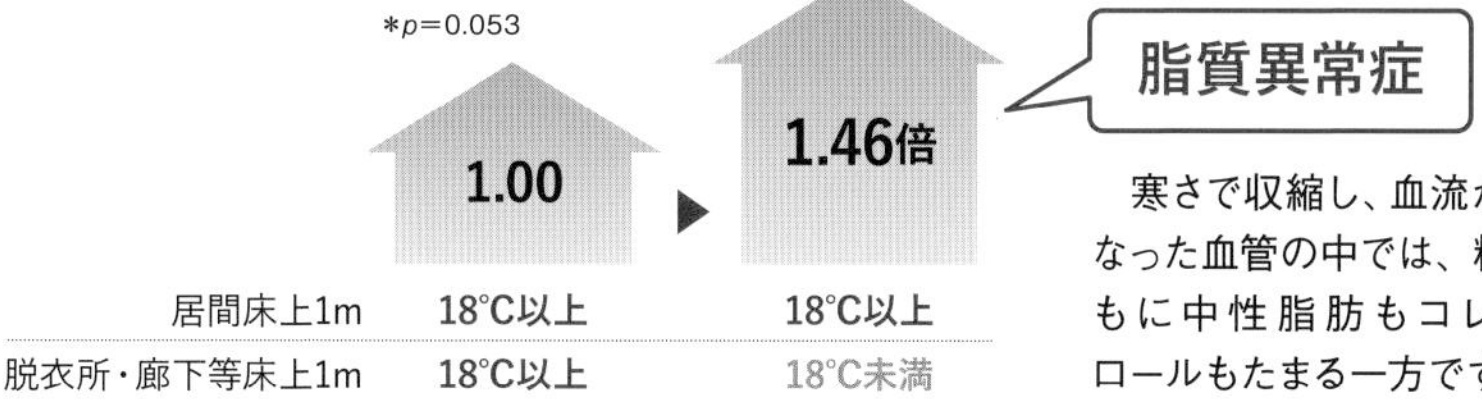

*p=0.053
1.00
1.46倍
居間床上1m 18°C以上 18°C以上
脱衣所・廊下等床上1m 18°C以上 18°C未満
脂質異常症

寒さで収縮し、血流が悪くなった血管の中では、糖とともに中性脂肪もコレステロールもたまる一方です。

6. 暖かい家の人は、健診値も良い！

〈居間の床上1m室温〉

12°C未満
12-18°C
18°C以上

健康診断値と起床時居間室温の関係を調べた結果です。明け方になっても冷え込まない断熱性の高い家の群で基準値を超える人の割合を1とした場合、下の2つの健診値で、明らかに差が！

〈室温と健診結果が基準範囲を超える人の割合〉[9),10)]

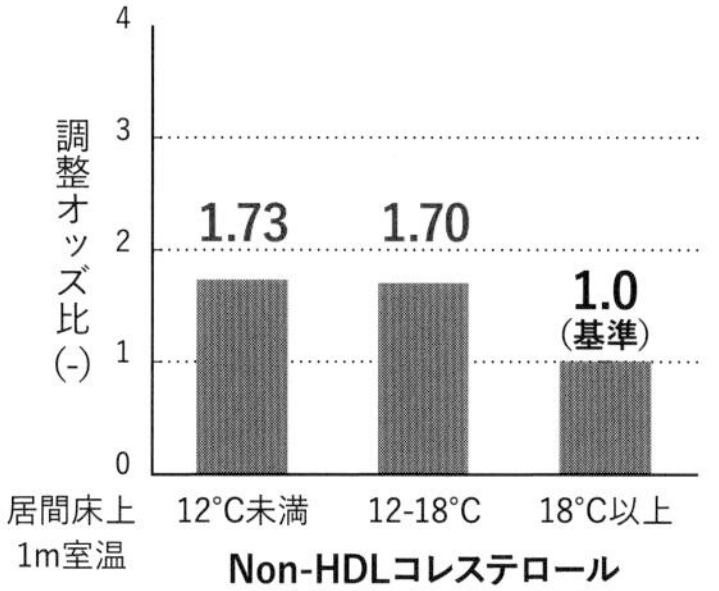

調整オッズ比(-)
4
3
2
1
0
1.73
1.70
1.0
(基準)
居間床上1m室温
12°C未満
12-18°C
18°C以上

Non-HDLコレステロール
基準値170 mg/dL以上

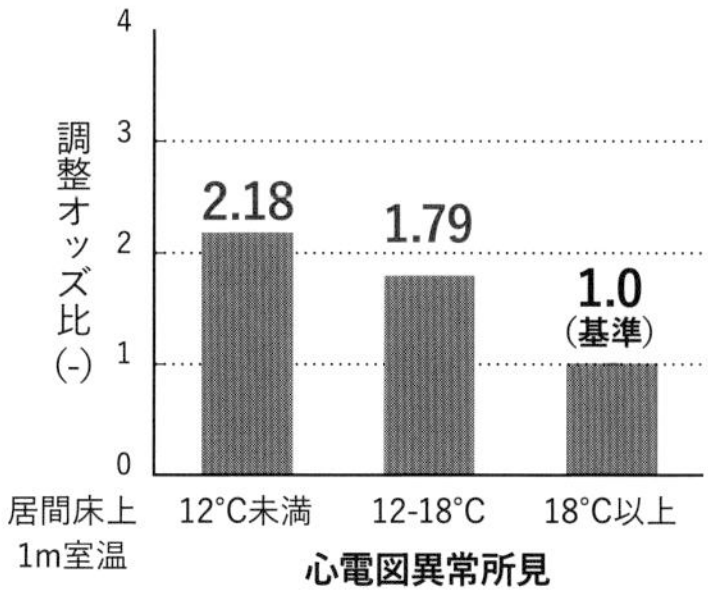

調整オッズ比(-)
4
3
2
1
0
2.18
1.79
1.0
(基準)
居間床上1m室温
12°C未満
12-18°C
18°C以上

心電図異常所見

一番大きな老後の心配、脳の老化や認知症とも関係が！

歳とって、認知症になるのが怖い。やっぱり誰もがそう思ってしまうもの。食べ物や栄養と認知症予防はかなり関係しているらしい、日々の楽しみが減ってくるのも関係しているらしい、などなど。なるべく認知症にならないための情報には多くの人が敏感ですが、家が暖かいか寒いかとも、関係していると、知っていましたか？

2016～2017年度に、高知県梼原町と山口県長門町の高齢者150人を対象に、住まいの温度と認知機能などをみた調査が行なわれました。その結果、脳年齢と住まいの温度は予想以上の関係があったことが判明したのです。左頁が分析結果です。脳年齢の検査に用いられたのは、高性能MRI画像の分析による国際標準の脳健康指標「BHQ」※の点数です。

冬季に居間の温度が15度以上ある家と、10度前後しかない家では、1度違うと脳年齢が約2歳、2度差があると約4歳若いことがわかりました。暖かい家で人生後半を過ごすことが、認知症予防につながる可能性がはっきりと示された研究結果です。

なぜ、室温の差でこのような違いが生じるのでしょうか。それは家全体が暖かいと身軽に動けるからです。寒いとこたつに潜って動かない。でも暖かくてこたつの要らない家なら、こまめに動いて家事も積極的にこなすし、ちょっと体操をしたり、趣味のものを広げたりするものです。

そうやって日々がアクティブになる結果、暖かい家に住んでいた人々は2年後も脳に何の変化も見られなかった一方、居間が15度以下の家の人の脳神経には老化が見られたそうです。

※Brain Healthcare Quotient　ストレスや運動不足等による脳リスクも加えて解析できる新技術

7. 居間が5℃暖かいと、脳年齢が 10 歳若い！[11)]

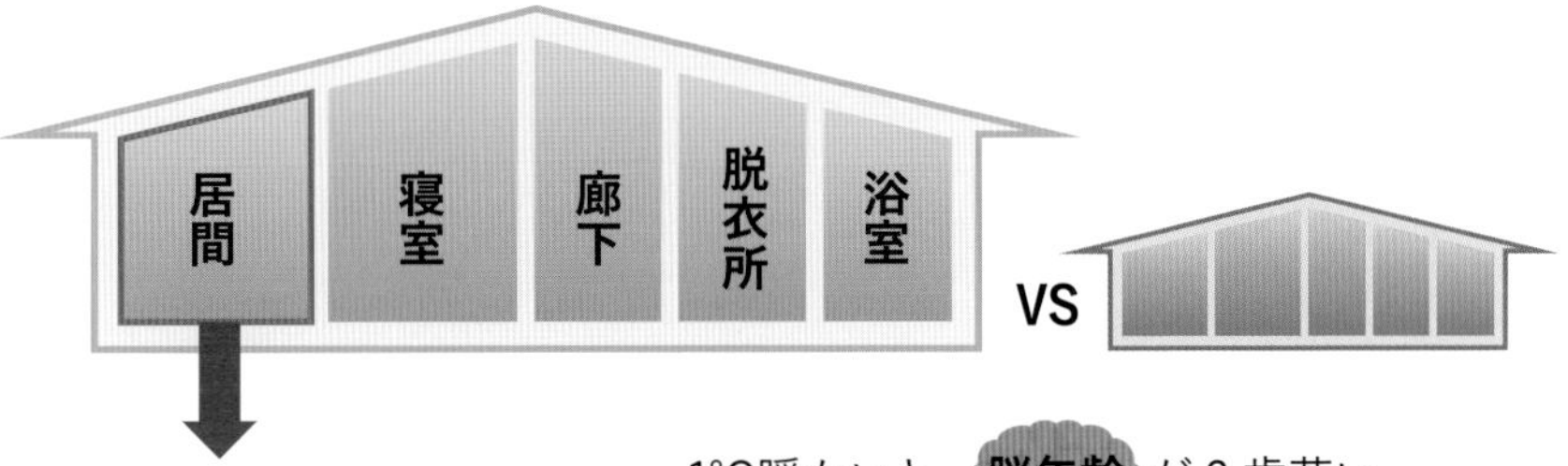
居間
寝室
廊下
脱衣所
浴室
VS

寒冷群　10℃前後
温暖群　15℃以上

1°C暖かいと、脳年齢が 2 歳若い
2°C暖かいと、脳年齢が4歳若い
5°C暖かいと、脳年齢が 10 歳若い

8. 暖かい家の人は、2 年後も脳年齢に変化なし [11),12)]

２年後も
脳は元気
２年後の
脳は老化が
進んでいた！

暖かい家　平均居間室温 18.3°C

寒い家　平均居間室温 14°C

9. 暖かい家の中では、縮こまらずに楽しく暮らせる！

動きやすい
体操も
片付けも
着こまない
料理も

活動量と食事の内容が認知症予防に関係していることはご存じのはず。冬でも暖かく快適な室内でこまめに動き、いろいろ料理もして過ごしましょう。

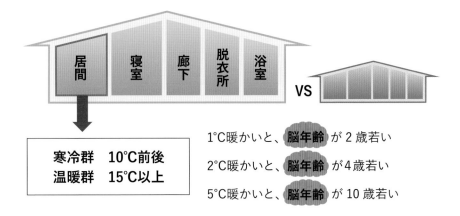

寝室の温度次第で、眠りが深くなりトイレの回数も減る！

加齢とともに寝つきが悪くなり、途中でも目が覚めて、そのたびにトイレに行く。ぐっすり眠れず、睡眠に不満を覚える人が多くなるのも事実です。

研究からも加齢とともに睡眠リズムが浅く、小刻みになりがちだということはわかっていますが、そのような本来の生体変化だけでなく、寝室の温度や湿度でよけい寝苦しくなることを誰もが経験済みではないでしょうか。

実際に、寝室の温度は何度ぐらいから睡眠の質に違いが出る分岐点になるのでしょうか。石川県のA町280世帯を調べたところ、「暖かい家」の寝室の平均温度は13.8度。「寒い家」は7.7度で、寒い家の人は2.2倍寝つきが悪く、中途覚醒する率が2.3倍高かったそうです。

問題は、この調査対象世帯の75％は「寒い家」に住んでいたこと。おそらくこの町が特別なのではなく、日本の一戸建て家屋の9割はWHOが勧告している「冬季室温18度以上」に達していないと言われていますから、意識して断熱性能を備えた家でなければみんな寝つきの悪い家に住み、睡眠の質を落としているのかもしれません。

しかも就寝前の温度が18度以上ある寝室で眠りにつく人に比べて、12度未満の人は夜間頻尿リスクが1.4倍高いことも判明。寝室の寒さとトイレ回数はおそらく密接な関係があり、きちんと暖かい部屋で寝つき、その温度が長く保たれる家なら、夜中のトイレの悩みも減ることが実証されたわけです。日本の高齢者の多くが、夜中のトイレの悩みを訴えています。ここでも、住まいの断熱性能がカギになることを再度痛感させられます。

10. 寒い家では、2 倍寝つきが悪く、寒い家では、2.3 倍中途覚醒する！

〈睡眠の質と寝室の寒さ＆乾燥〉[15]

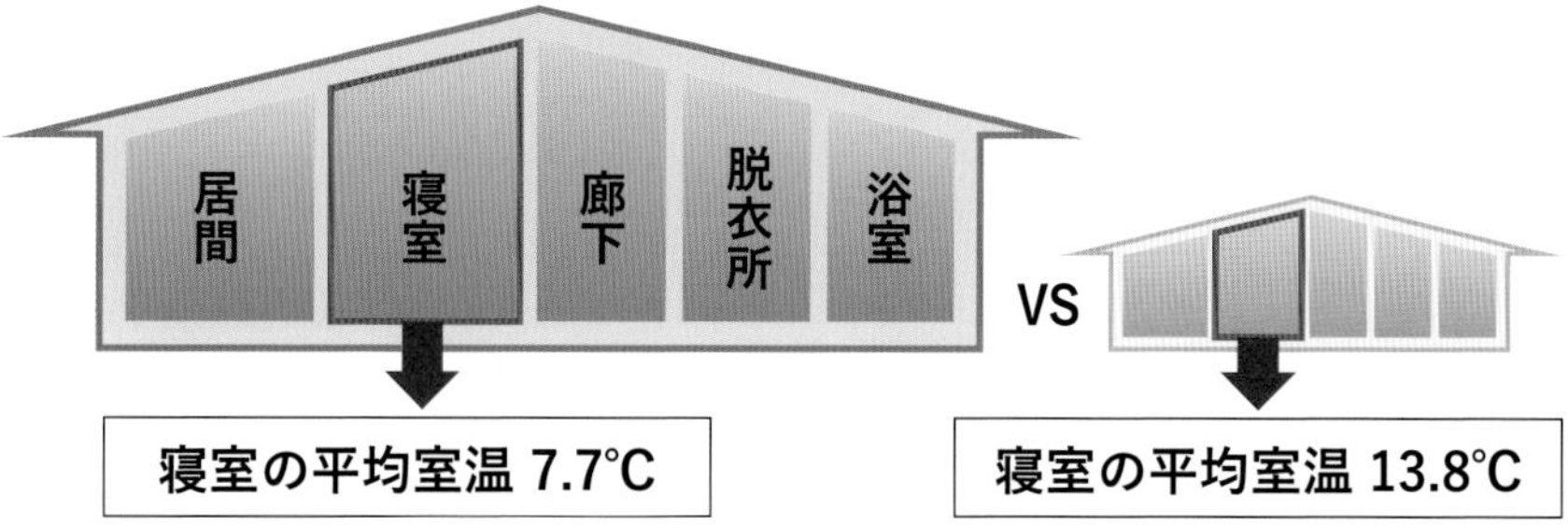
居間
寝室
廊下
脱衣所
浴室
VS
寝室の平均室温 7.7℃
寝室の平均室温 13.8℃

暖かい家と比べて寝つきが悪く、
何回も夜中に目が覚めて、
睡眠の質が低下していた。

夜中に何度もトイレに起きる方は、
寝る前と起床時の室温チェックを。
朝が 10℃以下になっていたら、
断熱対策を。

11. 寒い家の人は、夜間頻尿リスクも 1.4 倍！

〈過活動膀胱と寝室温〉[13,14]

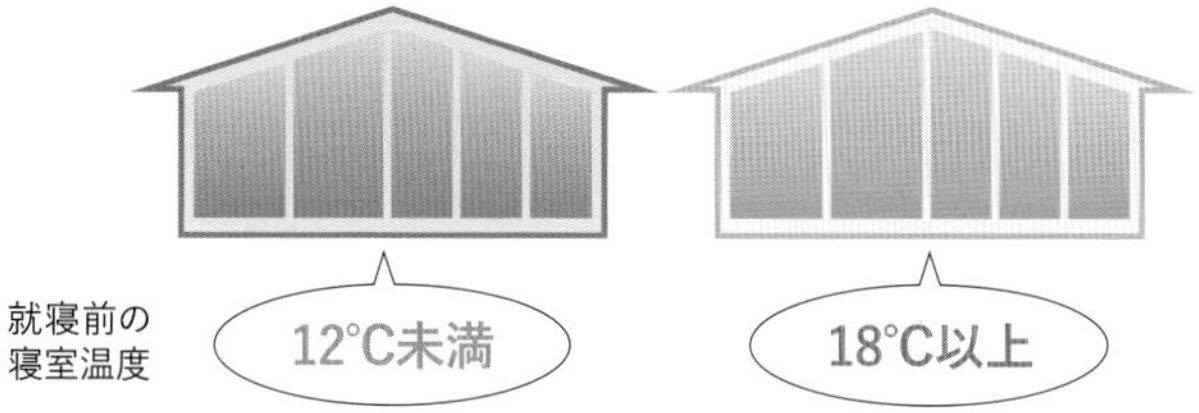
就寝前の
寝室温度
12℃未満
18℃以上

夜間頻尿のリスクが高くなれば、夜中にトイレに行く途中の転倒や、寒いトイレで脳や心臓の発作を起こすリスクも高まる危険が…。

調査した 280 世帯の 75%が寒い家だった！[15]

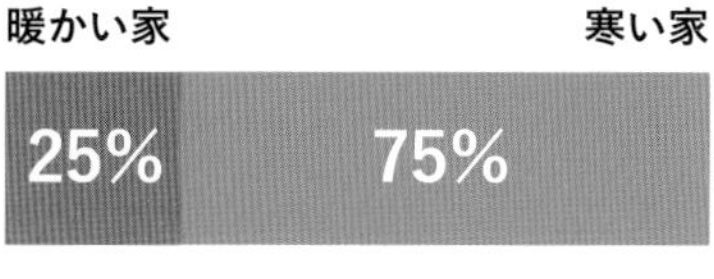
暖かい家
寒い家
25%
75%

対象は石川県 A 町の 280 世帯。暖かい家と寒い家では、平均室温に 6℃以上の差が。約 14℃の日と約 8℃の日では、防寒対策が違いませんか？ でも 75%の人々は寒いのが普通と、家には防寒着を着せずに暮らしている、それが日本の実態かもしれません。

断熱改修すると、家の中でもよく動く人になる！

室温が低くて寒いと、誰だって動きたくありません。いったんコタツに入れば、よっこらしょっと出るのも面倒くさくなるのがフツーです。とはいえ、日本は世界20カ国のうち座位時間が最も長く、座りすぎが肥満はもとより、糖尿病、一部のがん、冠動脈疾患の発症リスクと関連があることや、1時間テレビを見て座り続けていると平均余命が推定22分短くなるという研究報告もあります[16)]。

座りすぎをいかに解消するかが喫緊の課題になっている中、「スマートウェルネス住宅等推進モデル事業」の補助を活用し、「窓を複層ガラスに変える」「床や壁に断熱材を施工する」等の断熱改修をして、コタツや脱衣所の暖房が不要になった結果、左頁のように男性は65歳未満の人は22・8分、65歳以上では34・7分、女性は65歳未満が27分、65歳以上では33・9分、一日の身体活動時間が増加しました。

65歳未満のほうが男女ともに家での身体活動時間が短いのは、仕事を含め家から離れて活動する時間が多いからと考えられます。しかし65歳を過ぎると定年などで家にいる時間が多くなる人も増えてきます。厚生労働省は65歳以上の人は「強度を問わず毎日40分は体を動かすこと」がロコモティブシンドロームや認知症の予防に必要と提示しています。

暖かい家にすることで、家の中でも自然に平均約30分の身体活動量が増えれば、この数字は楽にクリアできるはずです。健康寿命を延ばして、人生の第2幕を体の不安なくプランニングするには、暖かい家がいかに重要なカギになるか、わかっていただけるのではないでしょうか。

12. そもそも座り過ぎの日本人！

〈世界20カ国の座位時間〉[16]

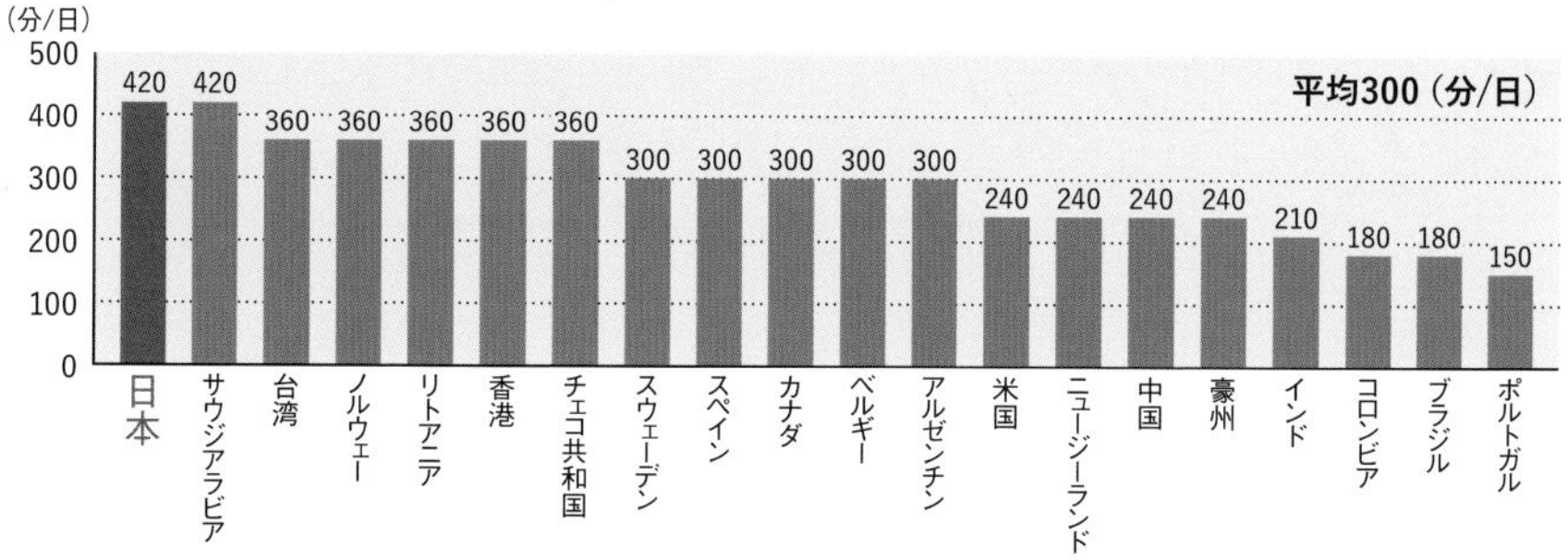

（分/日）
500
400
300
200
100
0
平均300（分/日）
420 日本
420 サウジアラビア
360 台湾
360 ノルウェー
360 リトアニア
360 香港
360 チェコ共和国
300 スウェーデン
300 スペイン
300 カナダ
300 ベルギー
300 アルゼンチン
240 米国
240 ニュージーランド
240 中国
240 豪州
210 インド
180 コロンビア
180 ブラジル
150 ポルトガル

（注）数値は、平日の中央値。

シドニー大学が行った上記の調査では、日本人はサウジアラビアと並んで一日の座位時間が約7時間と最長。さらに、40 ～ 64 歳の日本人を対象にした調査では、9 ～ 10 時間という結果が。たとえ毎日 1 ～ 2 時間は散歩していても、その他の時間はほとんど TV の前で座りっぱなしでは、散歩の効果は帳消しです。

13. 断熱改修で、1 日の身体活動時間が増えた！

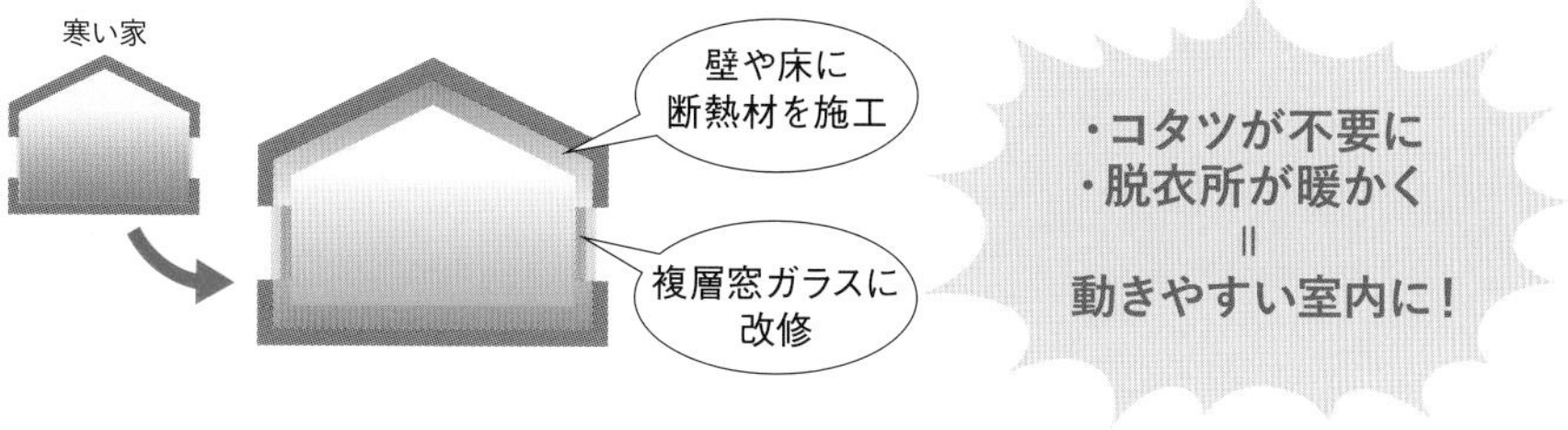

寒い家
壁や床に
断熱材を施工
複層窓ガラスに
改修
・コタツが不要に
・脱衣所が暖かく
＝
動きやすい室内に！

〈断熱改修後の身体活動時間の変化〉[4),17),18),22)]

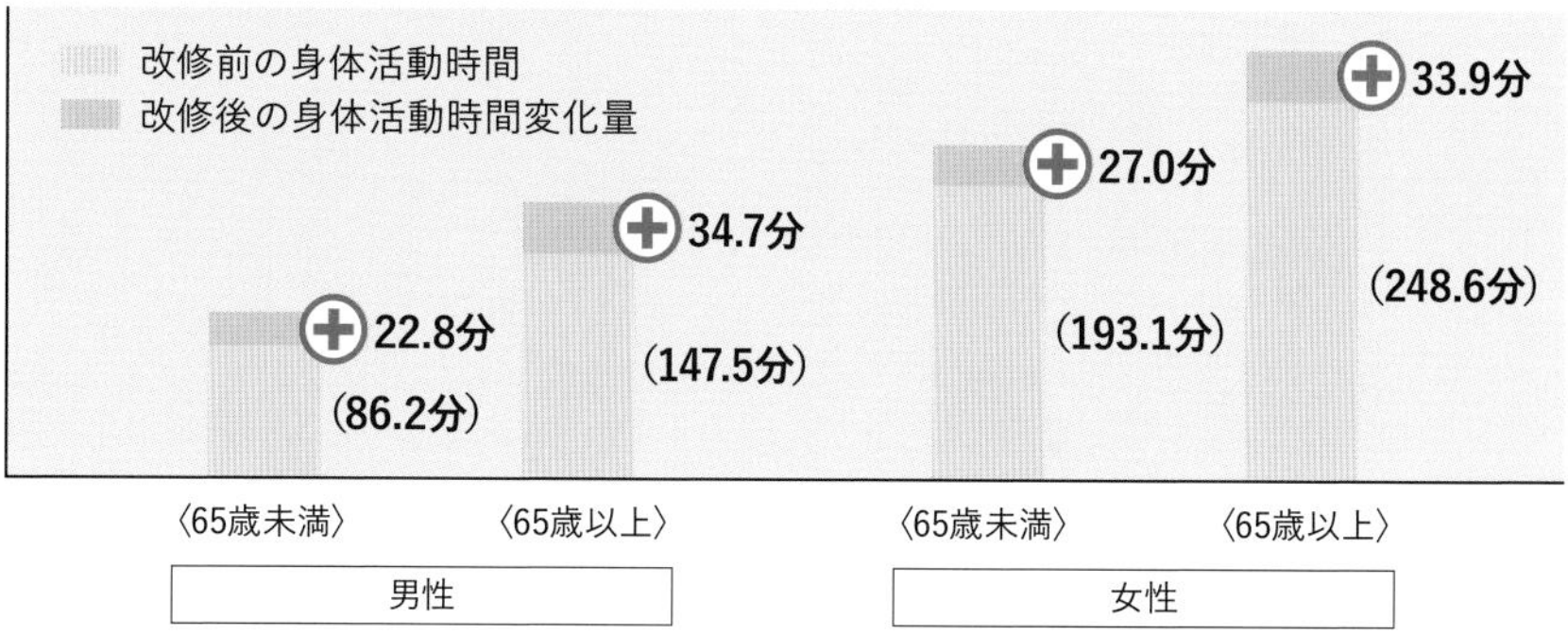

改修前の身体活動時間
改修後の身体活動時間変化量
+22.8分
(86.2分)
+34.7分
(147.5分)
+27.0分
(193.1分)
+33.9分
(248.6分)
〈65歳未満〉
〈65歳以上〉
男性
〈65歳未満〉
〈65歳以上〉
女性

暖かい家は介護状態になるのも、3年先延ばししてくれる

自宅からデイサービス施設に通う大阪府、高知県、山梨県の在宅要介護高齢者205人を対象として、暖かい家と寒い家で暮らす人の間に、要介護になった年齢に差があるかどうかを調べた研究も行なわれました。

寒い家は、冬の居間の平均室温が14.7度。暖かい家は、17.0度。調査の結果は、左頁の通り要介護認定推定年齢が、寒い家で暮らしていた人は77.8歳だったのに対して、暖かい家の人は80.7歳と、約3年の差があることが判明[19]。居間の平均温度が14.7度と17度、たった2.3度の違いで要介護になる年齢が3年も遅いというのは注目に値する研究結果ではないでしょうか。

なぜ、室内の温度差でこのような影響が出るのかと思われるかもしれませんが、前頁までにご説明してきたように、寒い家と暖かい家では生活習慣病が悪化する様々な数値も、脳年齢も、身体活動時間も差が出ているのですから、その差が総合的に作用して、健康寿命を支えていると考えれば、当然の話です。しかも、暖かい家に住む要介護高齢者の1年後の悪化リスクは、寒い家の人の約3分の1でした[20]。

生命保険文化センターの調査（2021年度）によれば、介護費用の自己負担額は平均月8.3万円、年間99.6万円という計算になります。もちろんこれは平均額で個人差も要介護度による違いもあります。また自己負担割合の変更も議論されています。しかし年間これだけのお金を払って介護状態で暮らすなら、自分のための投資で住まいの断熱リフォームに200〜300万円かけても、人生の選択としてどちらがよいか考えてみたいものです。

14. 暖かい居間は、要介護になる年齢も遅らせる

〈住まいの暖かさと要介護認定推定年齢〉[19]

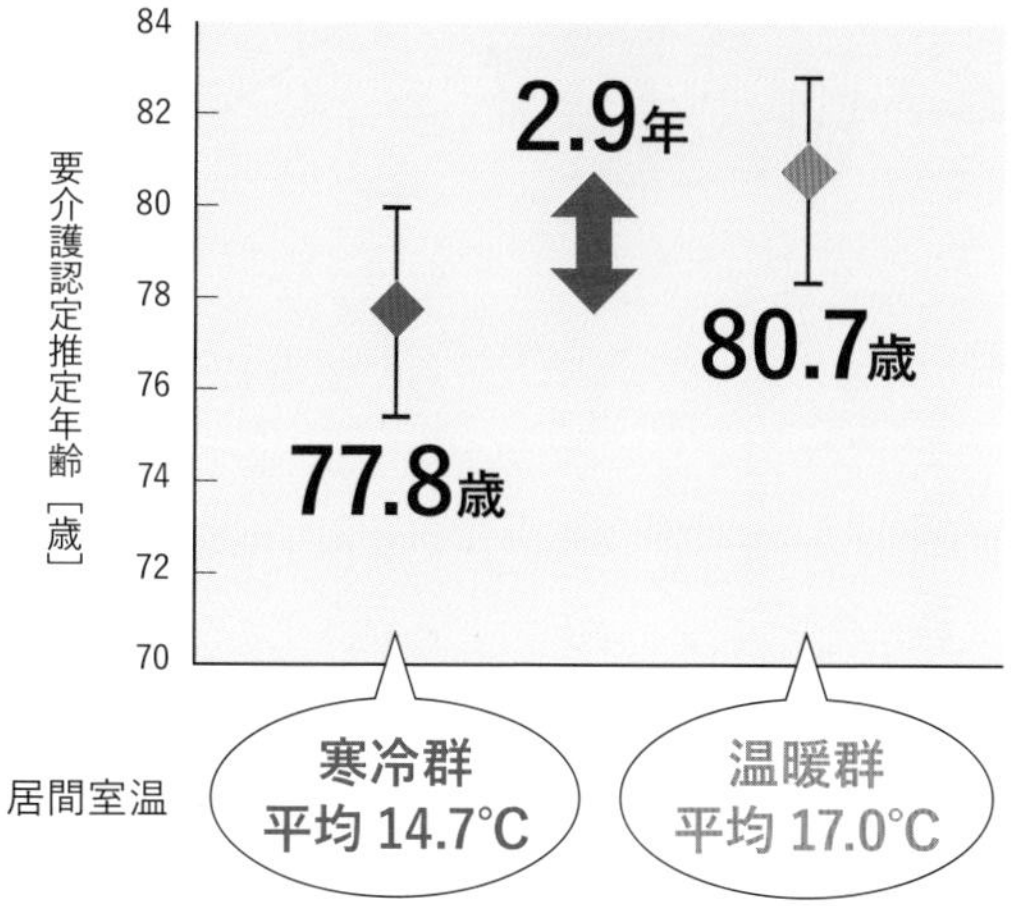

一日の平均温度が
わかる
積算温度計を

居間の
24時間平均温度を
測りましょう

暖房をつけている時は暖かくても、消せばすぐに寒くなる保温性のない家に住んでいませんか？その差が上の図版の要介護になる推定年齢の差になることが判明しています。

15. 要介護度1から2にならないためには…

〈主観的な寒さ暖かさと要介護度悪化リスク〉[20]

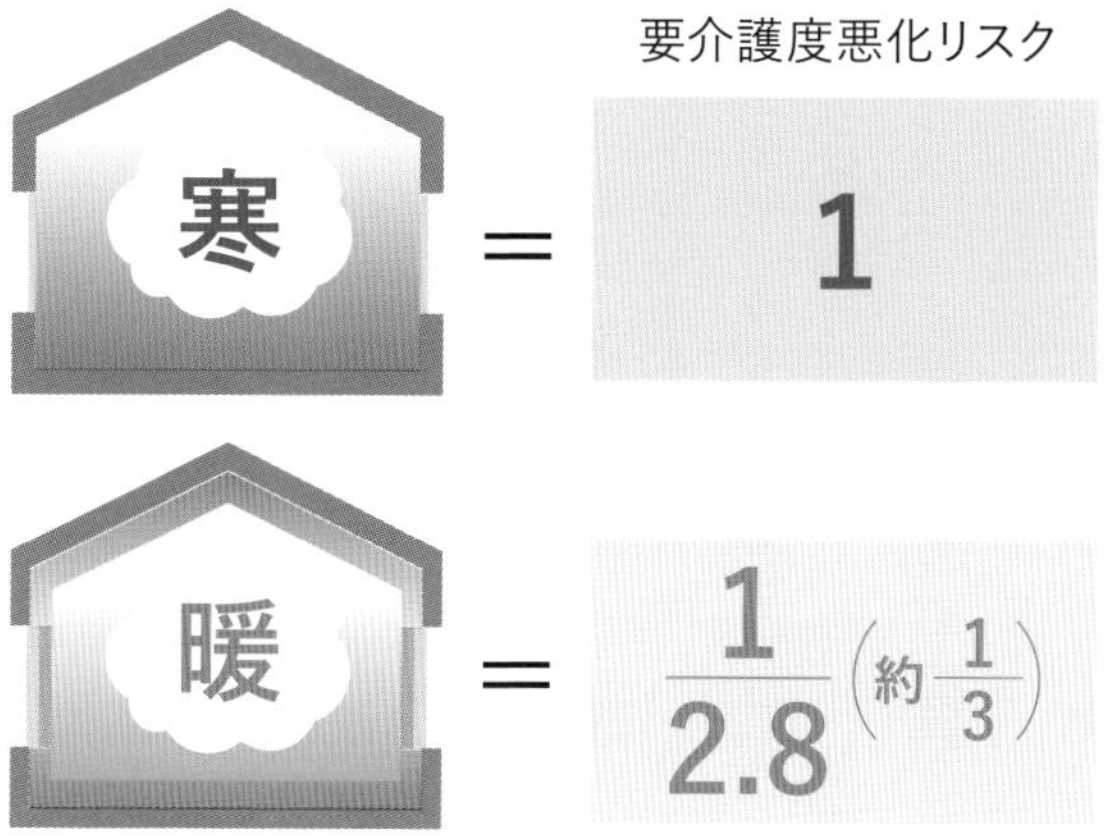

いくら先延ばしをしていても、いつかは歳とともに足腰も弱ってくれば、要介護1ぐらいになる可能性は誰にでもあります。ただ、それから要介護度がどんどん重くなるか、入り口で保てるかにも、室温が関与。主観的に暖かいと思える家のほうが悪化リスクは約３分の1でした。

高齢期の寒さは心が萎え、毎日がじわじわつらくなる

P50に暖かい家に住む要介護者の1年後の悪化リスクは、寒い家の人と比べて約3分の1という話がありました。これをさらに裏付けるような研究があります。

こちらは、冷暖房設備が不十分で、寒さ、暑さに晒されながら暮らしていると、日々の不満感や心身の不健康感がより強くなるのは、暑い、寒い、中間気温のどの時期かを調べた研究です。

要介護状態にある平均82歳の高齢者2,984人を対象に、寒冷基準を下回る18度以下、19〜25度の中間気温、熱中症が心配な28度以上、各気温帯で90日間の調査が行われました。中間気温より、寒いか暑いときのほうが心身がつらいのは誰にでも想像がつきますが、さて、寒い、暑い、どちらのほうが「生活満足度」と「主観的健康感」が低くなっていたでしょうか？

答えは、「寒いほう」でした。この解析をした研究者は、日本の家屋はもともと断熱性能よりも、高温多湿の夏対策を重視しているため、寒さに対して不十分だと考察しています[21]。しかも認知機能が低下していると、寒さを感じにくく、衣類や居室の工夫も上手くできずに、寒さの影響を受けている可能性を指摘しています。

近年は高齢者が家の中で熱中症になり、救急搬送される話をよく聞きますが、寒さの影響は脳卒中の発作を起こせば救急搬送されますが、「生活満足度」や「主観的健康感」の低下ではあまり問題視されません。しかしそれがじわじわとボディブローのように効いて要介護度の悪化が進み、自分の心身が思うようにいかない辛い老後に引き込まれる事実をこの研究は物語っているのではないでしょうか。

16. 寒い　中間　暑い

Q　（冷暖房設備が不十分だと）
毎日が不満で、不健康だと感じていたのは、どの温度帯の人でしょうか？

〈3つの気温帯時期による要介護高齢者への影響〉[21]

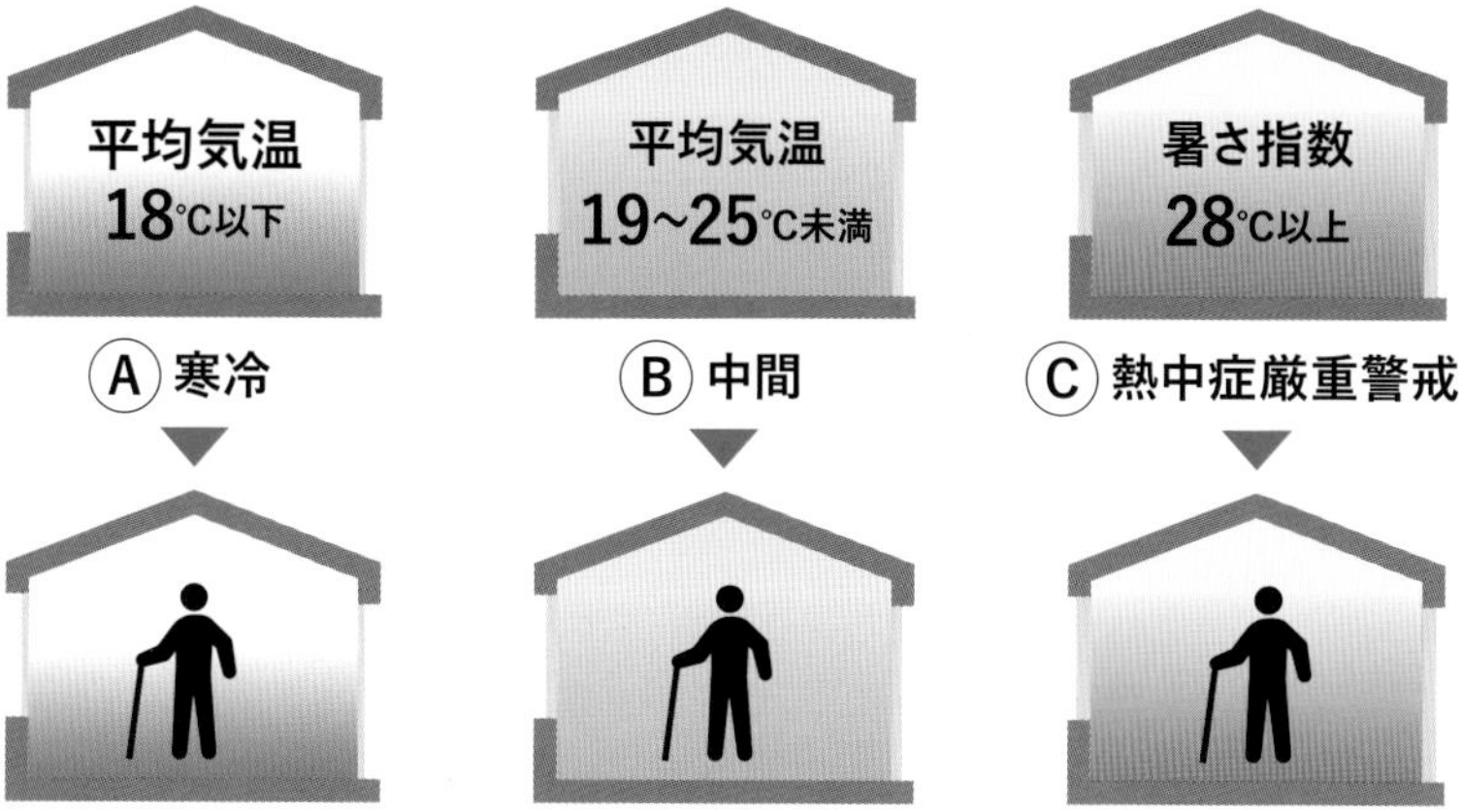

平均気温
18℃以下
平均気温
19~25℃未満
暑さ指数
28℃以上
Ⓐ寒冷
Ⓑ中間
Ⓒ熱中症厳重警戒

対象［平均82歳の要介護高齢者］
ⒶⒷⒸどの温度帯の人が一番大変？

生活満足度は？

過去3日間の
生活全体に満足？
不満足？

主観的健康感は？

ご自分のいまの
健康状態は、よくない？
よくなくもない？

毎日が不健康で不満足だったのは、
ⒶⒷⒸどの温度環境で暮らす人？

A　**答えは、右頁の本文の中にあります。**

2 転ばない、ケガしない家

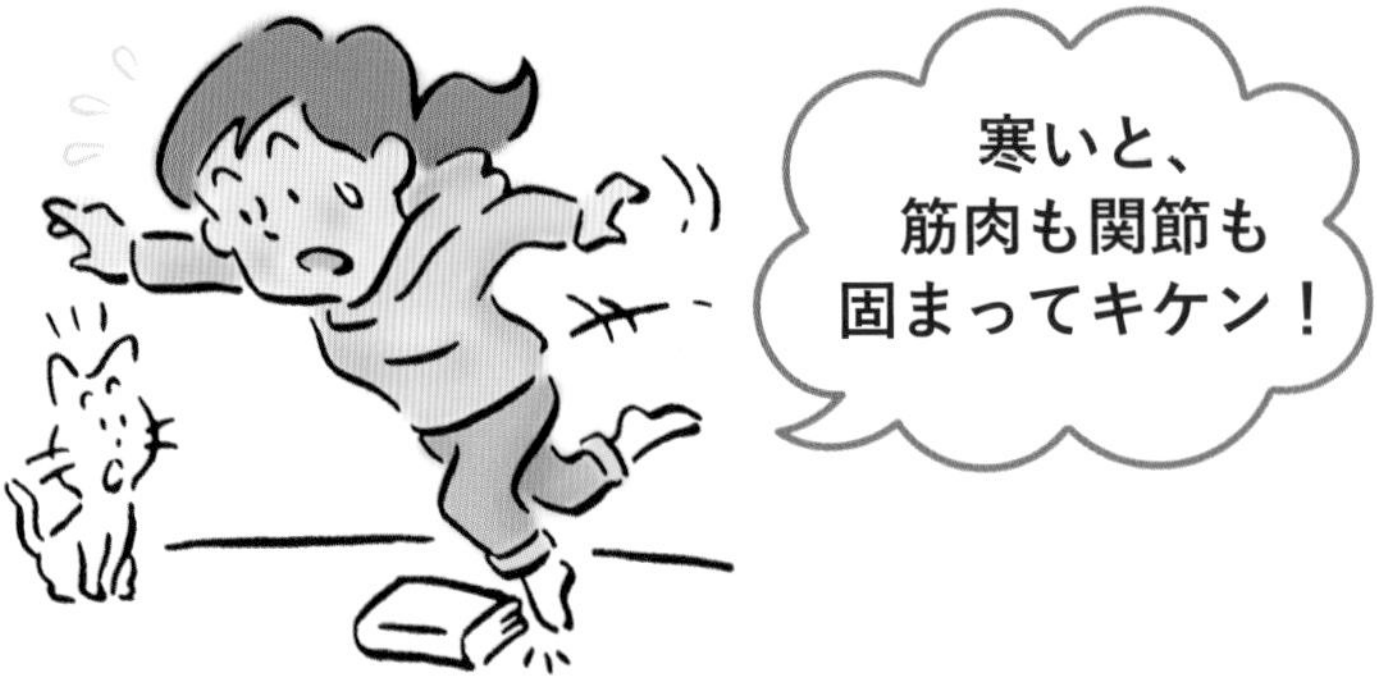

バリアフリーも大事だけれど、その前に室内温度の点検を！

人生を幸せに仕上げるには、やはりできる限り自立して過ごしたいもの。でもある日、転倒・骨折をして入院し、入院中に心身の虚弱や認知症が進み、自立を失う話をよく耳にします。

だから、やっぱりバリアフリー改修をしなくてはと考えていませんか？　それも大切です。が、家の中の段差を見つけるより先に、まず、家全体の温度について注意を向けてください。歳とともに足腰が弱り転びやすくなるから、バリアをなくしておく。そう考える前に、転びやすい体になることを防ぐ対策を。ここでも、住まいの断熱性能が実は大きなカギになります。

左頁をご覧ください。膝が悪いなどのリスク症状がなかった人でも、室内の床上近傍の温度が3度下がると、約2.3倍つまずきや転倒をしやすくなり、約1.8倍骨折やねんざの頻度が増えます。

寒くなると全身の血管も筋肉も縮こまり、放熱を減らそうとします。関節も固くなって動きにくく、姿勢を変えようとするだけでイタタとなることが。そんな固まった体では、ちょっとしたものにもつまずいて、転びかねません。床暖房では床上近傍のところまで暖まっていないこともあり、部屋全体の保温性を保つ家の断熱性能をもう一度考える必要があります。

1. 室内の床上近傍の温度が 3℃以上、下がると…[22)]

つまずき・転倒
約2.3倍
増える
骨折・ねんざ
約1.8 倍
増える

2. 居間の温度が 3℃以上、上昇すると…[22)]

皮膚表面の血流が増え、
筋肉も温まりやわらかくなる
腰痛の頻度が
0.8 倍に
減る

寒さと痛みは明らかに関係している
ことを再認識したデータです。

3. 家の中の転倒リスクチェック

- □ 冬季、居間の平均温度が 18°C以下になる
- □ 電気コード類が床を這っている
- □ 中敷や部分敷のマットやラグを使っている
- □ スリッパや脱げやすい室内履きを履いている
- □ 床に物をいろいろ置いてある
- □ 夜間の廊下に常夜灯がついていない
- □ 階段、トイレ、浴室に手すりがない
- □ 椅子にのってよく高い棚の出し入れをする

☑の数が多いほど、転んでケガをするキケンが大です。

要注意　寒さで増える、転倒・骨折リスク[23)]

着ぶくれ

厚着しているほど動きにくく、ちょっとした段差や障害物で転ぶ。

筋肉硬直

寒くて筋肉が固くなり、背中を丸めて、足がきちんと上がっていない。

神経痛

寒さで筋肉も関節もあちこち痛い、神経痛では反射神経も鈍い。

靴下・室内履き

もこもこの厚手の物を履いていると、足裏の神経が危険を察知できない。

夜中のトイレ

寒い廊下で血圧急上昇して倒れたり、足元が暗くてすべったり。

朝のふらつき

降圧剤が効き過ぎて、朝ベッドから急に立ち上がると起立性低血圧で倒れることが。とくに冬の朝は寒さで血流が悪くなりがちなので、要注意。

家の中で、冬に転ぶ！

東京消防庁発表の平成27年から5年間に救急搬送された都内高齢者の事故種別[23)]を見ると、82.1%は「ころぶ」事故です！　その5割以上が、住宅内事故。外出中の階段や坂道よりも、家の中に危険が潜んでいるというわけです。住宅内転倒場所のトップは居室・寝室。階段は手すりがあるか、そもそも転ばないように用心していても、5㎜程度のマットの端などに、高齢になると足をとられてしまうのです。

そんなちょっとした段差や、畳の上においた新聞につっかかって転ぶことを考えれば、段差をなくすだけでなく、少々つっかかっても転ばない、反応のいい下肢を保持しておくことがやはり大切です。

ただでさえ家の中が寒いと、上のような危険因子が重なります。これらのリスクを減らし、動きやすくて転びにくい体でいるには、室内が寒くないこと。暖かい住まいこそ転倒予防にもなることの再認識を！

要注意　冬季のヒートショックと溺死、溺水

〈室温と熱めの長湯が落とし穴〉[5]

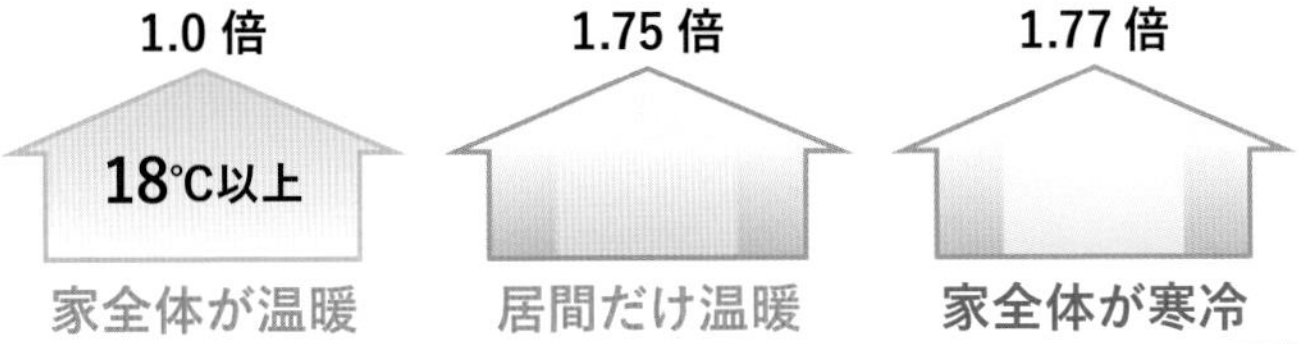
1.0 倍
18℃以上
家全体が温暖
1.75 倍
居間だけ温暖
1.77 倍
家全体が寒冷

	家全体が温暖	居間だけ温暖	家全体が寒冷
居間室温	18℃以上	18℃以上	18℃未満
脱衣所室温	18℃以上	18℃未満	18℃未満

※湯温42℃以上の熱め入浴をする人の割合と室温

〈温度変化と入浴事故〉[24]

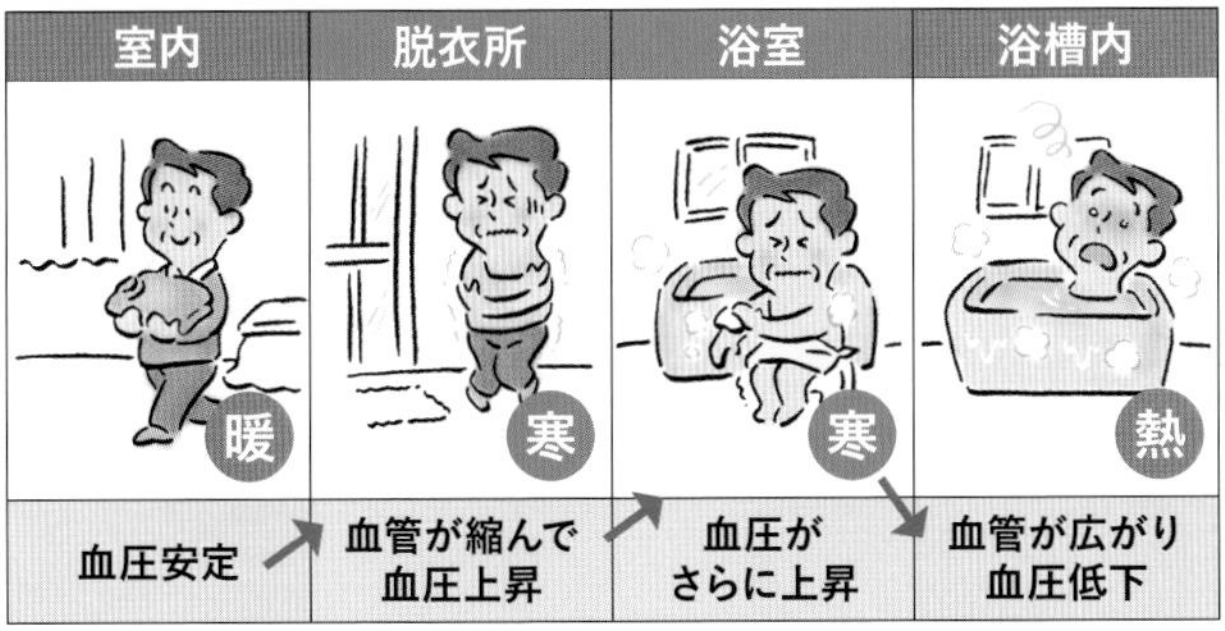
室内
脱衣所
浴室
浴槽内
暖
寒
寒
熱
血圧安定
血管が縮んで血圧上昇
血圧がさらに上昇
血管が広がり血圧低下

消費者庁の注意から

- 入浴前に脱衣所や浴室を**暖める！**
- 湯温は **41 度以下！**
- 浸かる時間は **10 分まで！**

居間も脱衣所も18度未満では？

厚生労働省の調査によると、令和2年の浴槽における高齢者の死亡者数は、4、724人で、交通事故死の2倍。数字としては転倒・転落事故のほうがはるかに多いのですが、入浴事故の救急搬送は9割以上が死亡か重症に至っています。

最大の原因は、室内と脱衣所と浴室と浴槽内の移動による激しい温度差に晒されることによるヒートショック。数年前からこの入浴事故への注意喚起はあちこちで行われ、少しずつ溺死者数も減少していますが、相変わらず交通事故死の約2倍を推移し、多くの死者を生んでいることに大差はありません。

42度以上の熱めの長湯が脳溢血の一番のリスク。上の温度変化を表す図を見ればダメージの大きさがわかるはずです。熱めの長湯をしなくてよくなる、居間と脱衣所の温度差が小さい安全な家で暮らし、浴室暖房乾燥機も入れましょう。

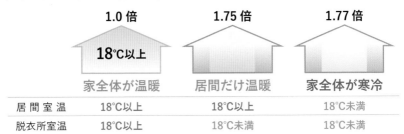

災害にも強い家に

地震対策①

何年に建てた住宅か耐震基準を満たしているか

さまざまな自然災害が起きている昨今ですが、安全な住まいのためやはり気がかりなのが地震です。

日本では1981年6月に建築基準法の改正があり、耐震基準が大きく見直されました。それ以前に建築確認を申請した住宅は「旧耐震基準」のため、耐震診断を受け、必要に応じた耐震補強を行うことが重要とされています。

また、1981年6月以降の「新耐震基準」で建てられている住宅でも、木造建築の場合は阪神・淡路大震災の家屋倒壊被害などから、2000年には、地盤に応じた基礎の設計や、筋交い端部、土台・梁・柱の接合部の金具取り付け、耐力壁の配置のバランスなどが加わった、さらに厳しい耐震基準へと改正が行われています。

いつまでも、今の家で安心して暮らし続けるためには、耐震診断を受けておくことがとても大切です。とくに南側などに大きな窓は玄関などがあり、壁が極めて少ないような場合は、住まいの耐震性がどのくらいあるか一度点検を。

地震に対する家屋の強度は基礎と耐力壁と接合部が要

地震の揺れに耐えるため、強靭な基礎(土台)と柱、柱と梁、筋交に端部をしっかり接合することが重要です。しっかり接合することで、大きく揺れたときに耐力壁(筋交い)の能力を最大限に発揮でき、また、基礎、柱、梁がばらばらになりません。単純な四角形で窓が少なく筋交いの入った耐力壁がバランスよく配置されていれば、安全です。現実には様々な家の形状があります。信頼できる工務店等に相談する必要があります。

〈地震対策のための家屋の基本構造など〉

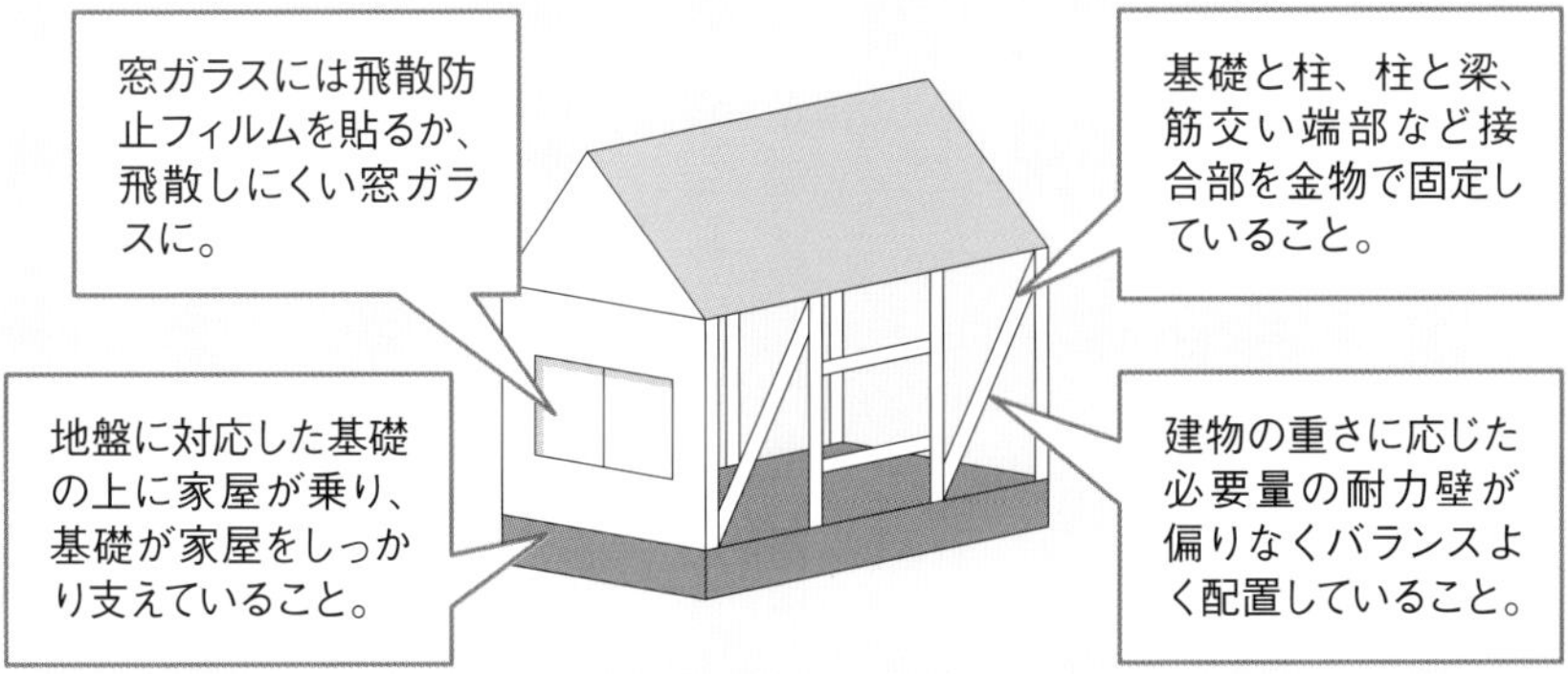
窓ガラスには飛散防止フィルムを貼るか、飛散しにくい窓ガラスに。
基礎と柱、柱と梁、筋交い端部など接合部を金物で固定していること。
地盤に対応した基礎の上に家屋が乗り、基礎が家屋をしっかり支えていること。
建物の重さに応じた必要量の耐力壁が偏りなくバランスよく配置していること。

耐震補強

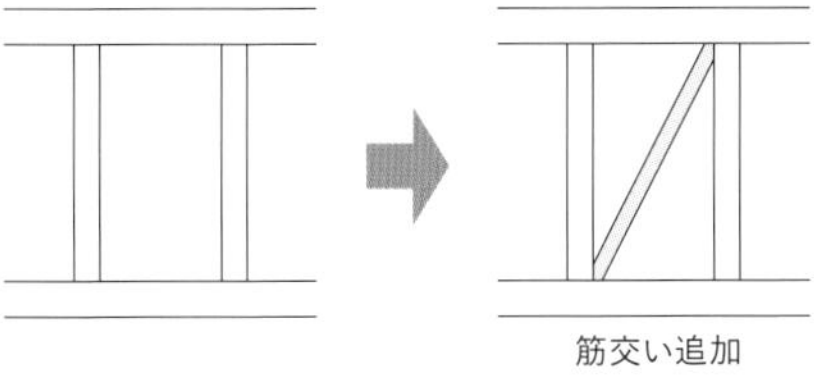
筋交い追加

1 強い壁を増やし、バランスよく配置

建物の大きさ、仕様に応じて、筋交い構造用合板による耐力壁をバランスよく追加する。

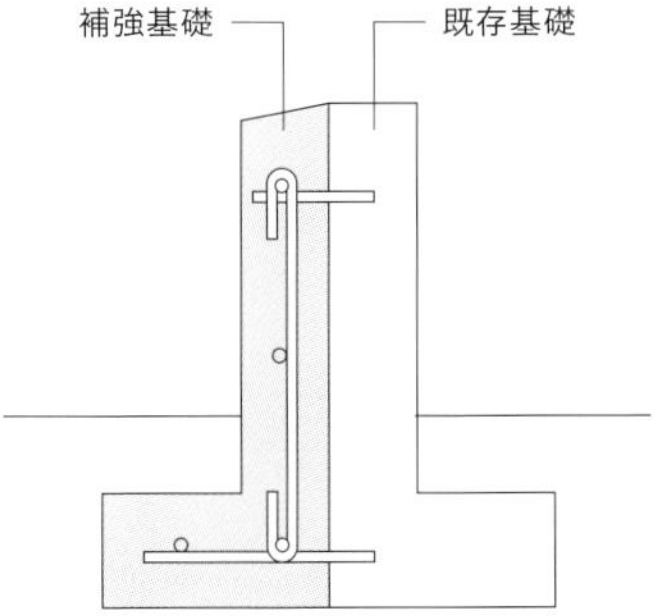
補強基礎
既存基礎

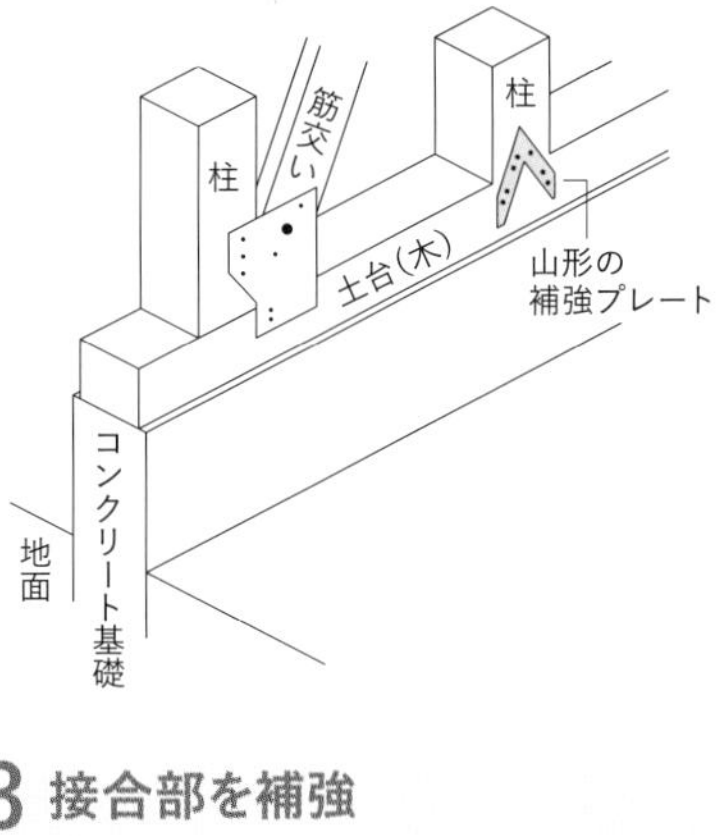
柱
筋交い
柱
土台(木)
山形の補強プレート
コンクリート基礎
地面

2 基礎を補強

無筋コンクリート基礎などで既存基礎の強度が不足する場合は、鉄筋コンクリート基礎を追加するなど補強する。

3 接合部を補強

柱と土台や柱と梁の接合部が弱いと地震時に外れやすい。そのために接合部を、補強金物などで補強する。

災害にも強い家に

地震対策❷

家具の転倒防止対策と日頃の住まい方に盲点はないか

内閣府の防災情報のページ[25)]には、「地震による負傷の多くは、家具類の転倒・落下が原因です。転倒・落下した家具につまづいたり、家具が倒れた時に割れた食器やガラスなどが、負傷原因になり大変危険です」「地震の際、家具は必ず倒れるものと考え、災害に備えること」と記されています。

そして日頃から、倒れた家具や落ちて割れた物が、外に出る避難路を塞ぐように置かれていないか点検を！

〈大丈夫ですか？　室内の点検を！〉[26)]

寝　室	□ タンスは固定してありますか？
	□ 寝ている上にタンスなどが倒れてきませんか？
	□ 上下 2 段の家具は上下を連結させていますか？
ダイニング	□ 落下すると危険なものをテーブルの上に置いていませんか？
	□ フローリングの床にあるテーブルの脚に滑り止めをしていますか？
キッチン	□ 冷蔵庫や食器棚は固定していますか？
	□ 食器などが飛び出さないように、食器棚に開き防止器具をつけていますか？
	□ ガラスの食器棚の扉には飛散防止フィルムをはってありますか？
	□ 重いものは下に入れ、重心が下がるように収納していますか？
リビング	□ リビングボードやテレビは固定してありますか？
	□ ガラスのリビングボードの扉には飛散防止フィルムをはってありますか？
共通	□ 避難経路を塞ぐ場所やドアの開閉ができなくなるような家具類などの置き方をしていませんか？

安全な家具の配置はどれ？

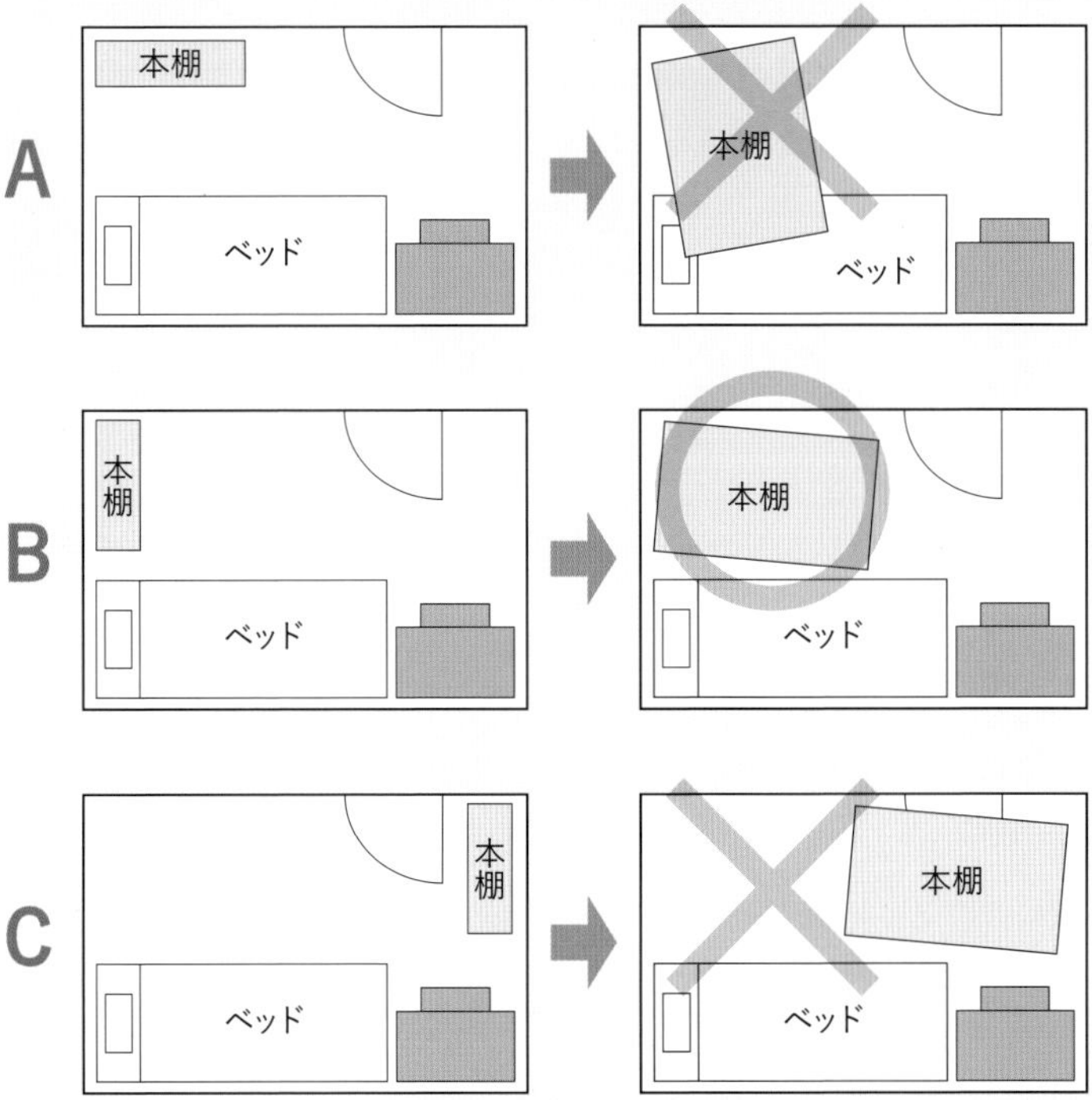

本棚がベッドに直撃！

本棚はベッドにあたらない。

本棚がドアをふさぎ、避難できない！

※図面制作：積水ハウス

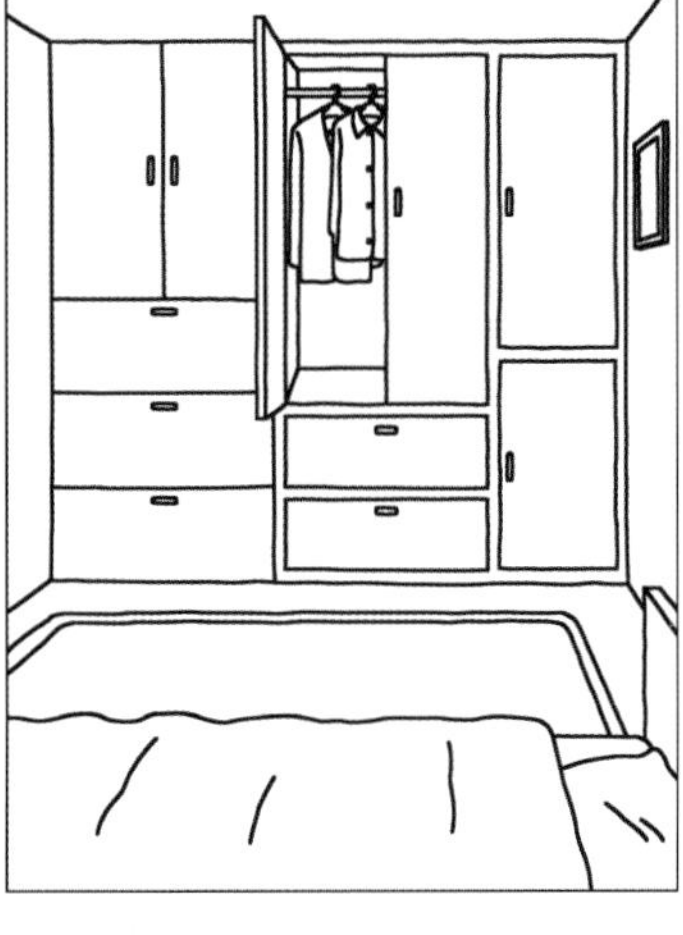

造り付け家具にすれば安心

洋服ダンスも本棚や食器棚も造り付け家具にするか、天井と壁にがっちり固定する住まい方なら、転倒の心配なし。

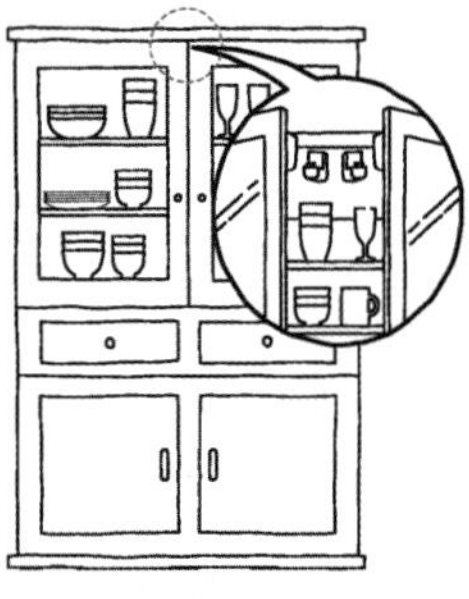

自動ロックになる耐震ラッチ

地震の揺れを感受すると扉の内側からロックがかかり、食器などの飛び出しを防止。食器棚や吊り戸棚の防災器具。

ハザードマップで要確認！☑[27]

あなたの地域でリスクが高い災害はどれ？

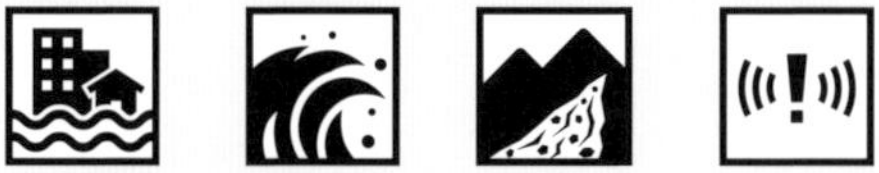

☐ ①洪水（外水氾濫 内水氾濫）
☐ ②高潮
☐ ③土砂災害
☐ ④その他

国内全地域のハザードマップを災害の種類別に公開しています ▶ 国土交通省ポータルサイト 検索

台風・豪雨対策

屋根・壁・窓の点検と災害時の行動点検を

台風だけでなく、記録的な集中豪雨や、長雨による浸水や土石流は、注意しなければならない災害です。このような災害に備えるには、住まいの補強点検だけでなく、起こり得る災害の種類をあらかじめ把握し、いざという時の行動方針を知っておくこと。2方向からのガードを心がけてください。

近年は、強風・豪雨による被害も多く発生しています。まずは屋根、外壁、窓の見直しを。雨の多い日本では、劣化しにくく寿命が長い瓦屋根の家が多くつくられてきましたが、年月とともに留めている釘や下地の劣化で瓦の飛散・脱落による被害が考えられます。近年主流の軽量屋根素材も日光と雨に晒されて錆び、劣化が生じます。

外壁も同じです。窓は、突風や物が飛んできても割れにくい強化ガラスやシャッターをつけておくことで被害を防ぐことができます。

台風や豪雨の場合は、気象情報をもとに大きな危険を察知したら速やかに避難する行動力も欠かせません。とくに高齢者は早めの避難が重要です。上段に挙げたどんな災害が起きやすい地域に住んでいるのか、ハザードマップで必ず確認しておきましょう。正しいリスク情報が身の安全を守ります。

台風や豪雨に強い家とは

●屋根

釉薬瓦は 50 ～ 100 年、いぶし瓦は 30 ～ 50 年は持つと言われています。しかし留め釘が劣化して緩んでいれば瓦はズレたり、突風で剥がされたりします。スレート屋根は 20 ～ 30 年とも言われますが、点検やメンテナンスを行っていることが必要。

●窓

雨戸がない家では、強風で窓が割れない備えが重要。強化ガラスとしたり、シャッターを取り付けることが有効。

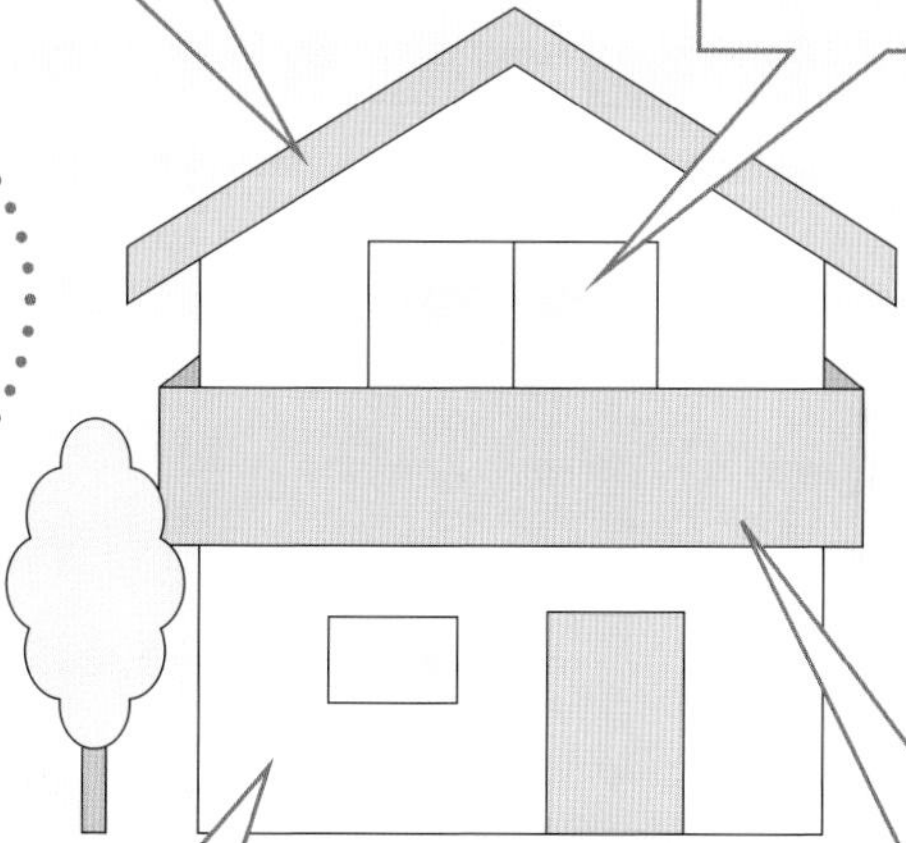

●外壁

外壁や外壁材間の目地は、雨や紫外線によって、時間をかけて劣化して（傷んで）いきます。劣化が進むと雨の浸水や漏水につながるので、劣化に強い外壁や目地材にすることや 10 年に一度くらいの外壁の塗り替えメンテナンスにより備えることが大切です。

●ベランダ ＆ バルコニー

ルーフバルコニーやベランダの防水塗装が劣化していないか、点検しておくことも必要です。この防水機能の劣化による浸水が室内の雨漏りの原因になり、気づくのが遅れると、屋内の柱や天井裏などの木材を腐らせる被害につながります。

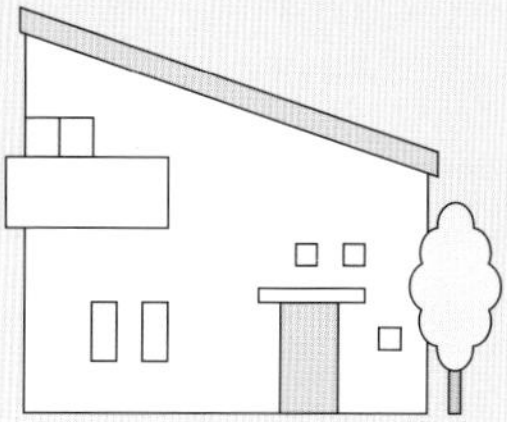

モダンなデザイン形状の家屋は…

軒先がほとんどなく、窓にもひさしがない、すっきりモダンなデザインの家も多くなりましたが、それだけ外壁や窓に雨があたりやすくなるので点検が重要になります。

災害用伝言ダイヤル171を使ってみよう[28]

毎月1日と15日は体験利用ができる日です

①⑦① で発信

録音は ①	再生は ②
家族で決めた被災地の固定電話番号を市外局番から入力 (XXX) XXX-XXXX	
メッセージを録音30秒	メッセージを再生

減災・縮災対策

ライフライン（電気と水）が使える備え、在宅避難で暮らせる住まいに

災害にも強い家の仕上げは、在宅避難ができる住まいに整えておくことです。避難所の生活は心身にこたえ、高齢者の中には避難所で亡くなったり、病気や要介護状態が悪化したりというケースも生じています。感染症対策としても、現在は自宅に倒壊や浸水、焼損の危険がなければ、在宅避難がすすめられています。

在宅避難には、電気や水、そして食料の備えが必要です。災害に強い住まいへ点検、リフォームを施すときに、太陽光発電や家庭用蓄電池の設備を備え、停電が長く続いても自宅で電気を創り、蓄電しながら使えるようになっているのがベストです。創エネは、本書のP73でお伝えしている「省エネ断熱住宅」なら、災害用の備えでなくても装備される環境です。とくに冬の災害時に停電で暖が取れず、室温が5度以下になると低体温になるリスクが指摘されています。

この意味でも「省エネ断熱化」された住まいは、災害にも強い家としても機能します。さらに雨水利用などの家庭用貯水タンクは、生活用水の備えに有効です。また、食料は日常食で常温保存できるものを少し多めに揃え、食べながらその分を買い足しておく習慣が備えになります。

〈ライフラインが確保できる防災住宅〉

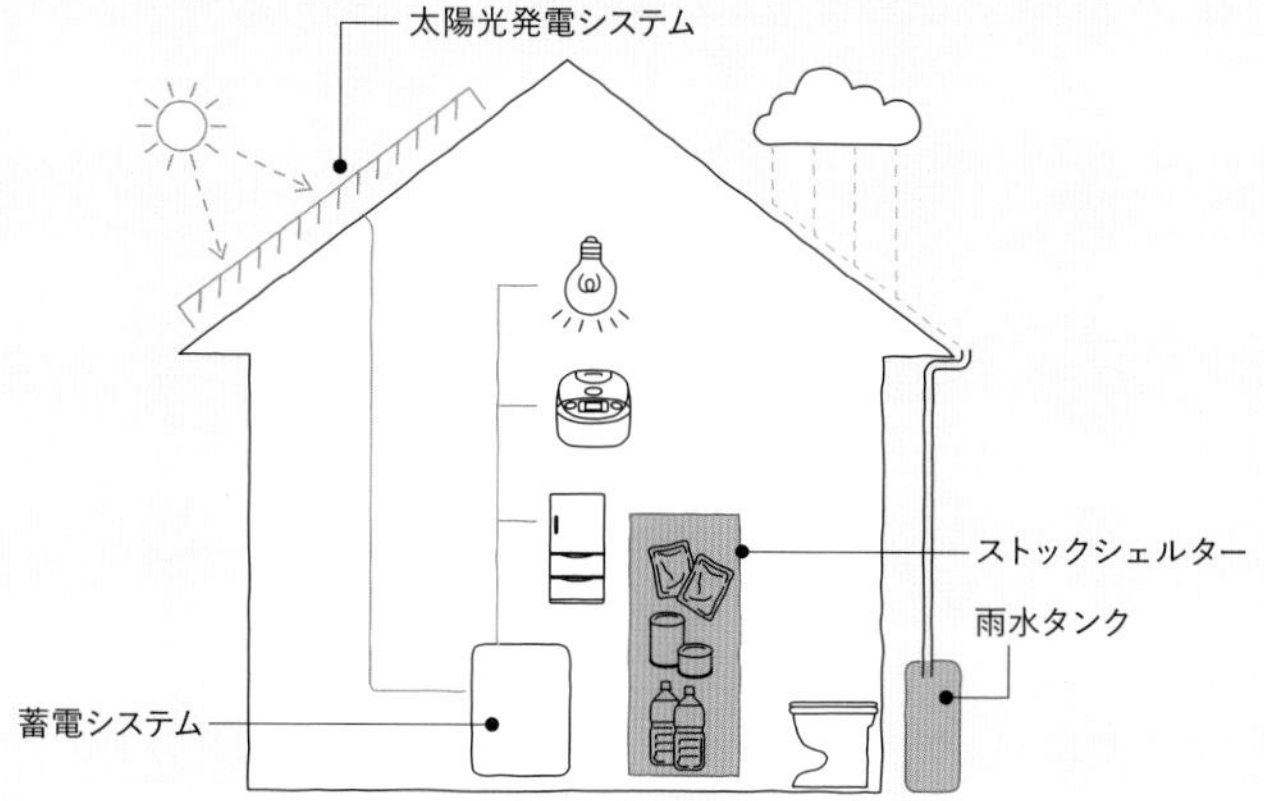
太陽光発電システム
ストックシェルター
雨水タンク
蓄電システム

電気を創り、蓄え、使うシステムが組み込まれ、雨水タンクの水でトイレなどの生活用水に補給できる住まいも普及し始めています。在宅避難時用などに、消費電力の少ない小さな電気釜や冷蔵庫の備えもあれば、エネルギーの自家供給と使用を安心して賄えます。

日々の暮らしで役立つことが、そのまま災害時にも活きてくる！

●停電時のための断熱性

停電で暖房が使えない冬季の被災を考えると、断熱性能が高いことがとても重要に。

●家族会議

災害時に備えて、家族で避難場所や連絡方法、安否確認方法、また必要な備蓄品の状況などについて定期的に話し合っておくこと。離れて暮らす家族からの見守りにも役立つ習慣です。

●段差解消

内部火災などで急いで外へ避難するためにも、転びにくい家であること。日頃の室内の転倒予防策がそのまま役立ちます。

●避難できる体力

年齢を重ねても日常の生活活動を続けていることが、避難時の体力に。

●間取りと家具の配置

避難も考えると、寝室や大切なものの置き場所を1階にしておくとよいでしょう。もしも要介護になった時にもそのまま暮らせる住まい方です。また、日頃から避難時に邪魔にならない家具の配置にしておくことが、室内の動きやすい動線になります。

3 孤立しない・開かれた家

プライバシー重視の個室化が孤独や孤立のリスクにも

ある建築史家が〝20世紀から21世紀へ贈る言葉〟として綴った記事に、こんな一文があります――「居間・食堂を含むすべての空間の私領域化が進み、パブリックな生活の光景が家の中から消えていく」[29]。ふすまで繋がっていた戦前の家の形が消え、個室化した都市住宅の特徴を取り上げ、家族の体験の共有や知恵の伝達が希薄になった懸念に触れています。

バラバラになっていく家族への反省からでしょうか、21世紀になり、現在の注文住宅やリフォームの主流は、共有スペースの重視です。料理をしながら子どもたちの様子が見える家、家族が緩く繋がって家にいる時間を楽しめる家というふうに。

しかし、個室化が進んだ時代の住まいに、いまも住んでいる人のほうが、実は多いのではないでしょうか。とくに、定年あるいは定年後世代の方々で、居間と離れた個室を自室にしていたり、親の部屋が家の端のほうだったりしていたら、部屋の場所の見直しを。人の気配と離れた個室が孤立のリスクになります。一人暮らしなら、一人で過ごす覚悟もあり、自分で勝手に使う部屋を決められますが、家族がいるのに孤独感が続くほうが、心が萎えます。それが要介護状態になるのを早めたり、認知症の悪化を促進したりすることもあります。

1. こんな間取りの居室に注意！

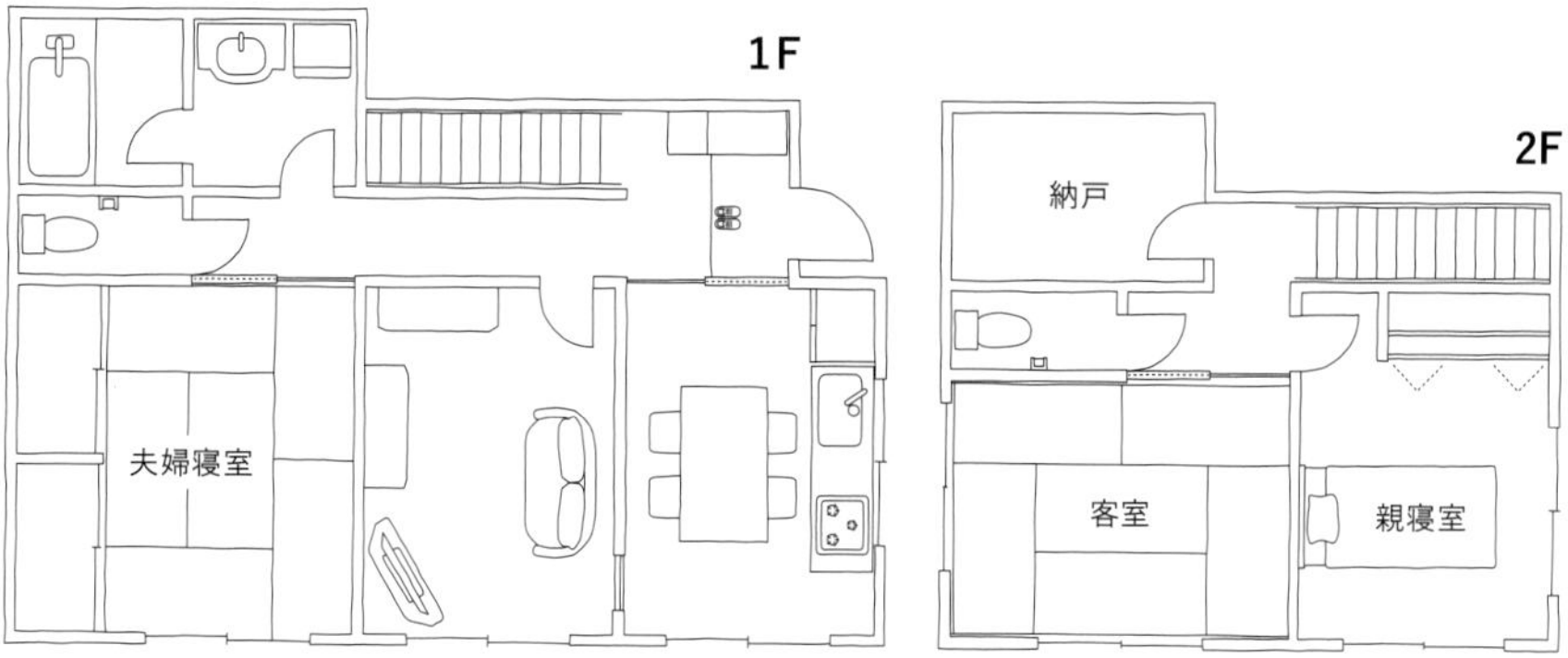

2階の一番陽当りのよい部屋を親の寝室にしていたのですが、
階段の昇り降りがつらくなった親を孤立させています。

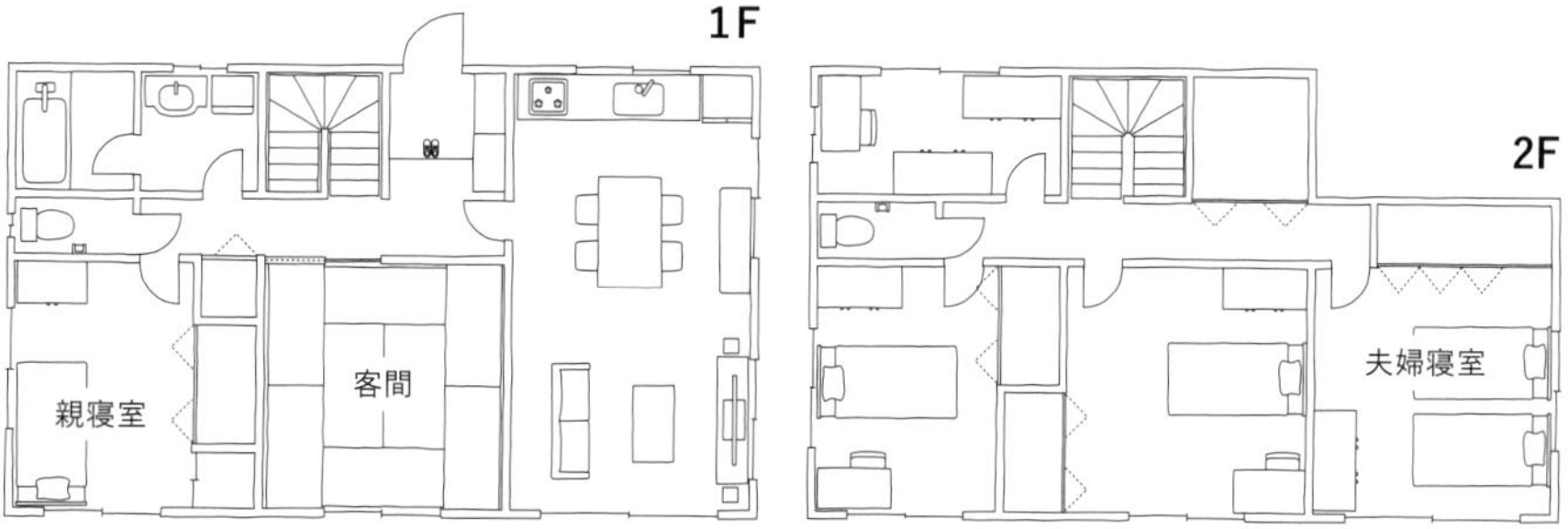

2階には独立した元子ども部屋がそのままに。人の出入が減った家の端で、親には孤立感が…。

2. 住まいに潜む孤立度チェック

□ 居間や寝室が開放的な空間ですか？
□ 家族などの声や行動が伝わってくる部屋で日々を過ごしていますか？
□ よく知人や友人、親戚などが訪ねてくる家ですか？
□ 階段や敷地のつくりに阻まれず、外出しやすい家ですか？
□ 亡くなったあとの住まいがどうなるか、考えていますか？

☑の数が多いほど孤立しにくく、少ないほど孤立しやすい住まいです。

宅配で何でも済むし、
出かけるのは
大変なのよ〜

外出しやすい家か、外出を阻む家か、早めに気づこう

フレイル予防でも介護予防でも言われる3本柱が「食事・運動・社会参加」です。きちんと栄養を取り（食事）、しっかり動き（運動）、人と交わる（社会参加）。栄養と運動の大切さは誰でも承知していても、社会参加の大切さを自覚していない人がいます。

しかし、1987年から継続的に行われている社会調査の結果から、近年とくにその重要性を訴求されているのが、地域活動や地域の人と触れ合う「社会参加」です。人は人で元気になる、人は人で癒やされる、などとよく言われますが、それを証明したのが、左頁の調査結果です。

男女ともに週に1度は何らかのグループ活動に参加している人に比べて、何もしていない人の方が約2倍、心身や認知機能の障害になりやすいことがわかったのです。そして、1日に1度は外出することが重要なことも、将来孤立しないためには重要なこともわかっています[30]。

社会参加の頻度がわかれるのは、人付き合いが好きか嫌いか、かもしれません。しかし、意外な盲点が家そのものにも潜んでいるのです。外出しにくい左頁のような家に住んでいませんか？　様々な要因で外に出るまでに時間がかかるとか、階段の上り下りが負担で、頻繁に出かけたくはないとか。その要因は、歳を重ねて足腰が弱るほど、さらに外出を阻む大きな障壁になります。

しかも、歳をとってから「うちから外に出るのは大変」と気づく人もいます。自分が出かけたくない家は、人も来たくない家です。寂しい老後になる前に、住み替えや建て直しなど住環境の見直しを。

1. 外出して社会参加する頻度が、自立力を守る

〈グループ活動参加の頻度と障害発生率〉[31)]

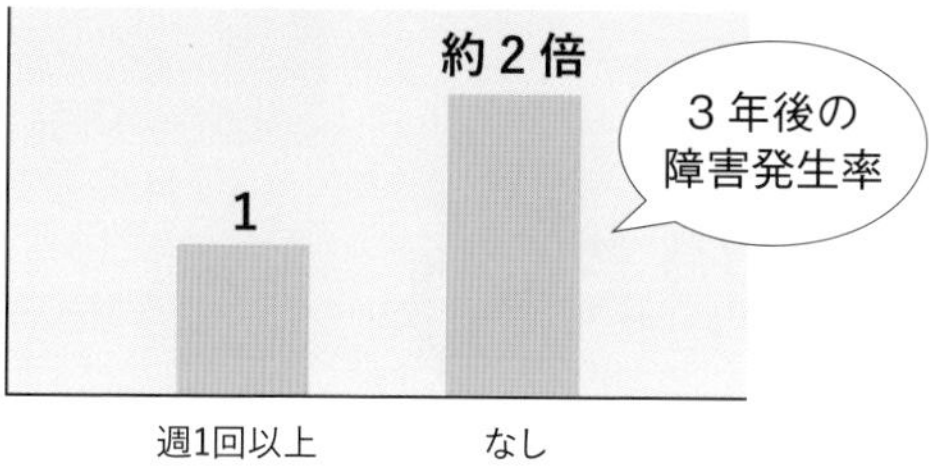

1999 年には自立していた高齢者約 3,000 人の 3 年後の障害発生率（介助が必要な動作あり）を分析したデータです。

2. 外出しにくい家とは

敷地が広く、家も大きい

門から玄関までの距離があり、家も大きいお屋敷は、若いうちは憧れでも、高齢になるほど外との断絶感もあり、外に出るのが億劫に。

エレベーターがない

エレベーターがない中層マンションや、外階段で 3 階まで上がると住まいといった住環境では、足腰が弱ると外出できなくなります。

玄関先に階段がある

玄関ポーチや門からのアプローチに階段があり、膝が痛くて出かけにくい等。我慢して使っているうちに、そこで転倒となる前に対策を。

坂の上にある

山間部地域や、都市近郊でも山の斜面に開発された住宅地などには、急な坂の上にも家が。その立地が外出を阻むこともあります。

エクステリア
で
つながりを

縁側や
テラスの魅力

気楽な訪問者がやってくる交流の場に

以前の日本の住まいには、多くの家に縁側がありました。また、庶民が暮らす狭い路地に置かれた縁台で、隣近所と世間話をする風景も記憶に残っています。家の中まで入ってこられるのは嫌だけど、縁側や縁台ならちょうどいい関係でいられるという、地域コミュニティの知恵だったのかもしれません。

現代の住宅スタイルでその役割を果たせるのが、テラス、ウッドデッキ、ガーデンルームなど。濡れ縁や広縁など、おしゃれな縁側がある家も見かけます。家の外と内をゆるやかにつなぐスペースです。

家族だけのプライバシーを守るには、これらのスペースは外から見えない奥まった場所がいいかもしれませんが、老後は外への出入り口に近いほうが、地域との程よいつながりや交流の場になります。まちの気配を感じながら暮らすほうが寂しくなく、地域の人々の様子も気にかかり、互助の気持ちも育ちます。

そして、万が一、車イスが必要な要介護状態になった時には、玄関からより、このエクステリアスペースからの出入りが楽で、見守るほうも見守られるほうも、つながっていやすい家として機能します。高齢になったらガレージを家とつなげて、左頁のような場所として活用するのはいかがでしょうか?

縁側のフリーマーケット

離れて暮らす子ども世代や近所の仲間にも協力してもらい、不要になったものを整理して、フリーマーケットを開いてみるのも楽しいです。

若い世代はフリーマーケットのお知らせチラシづくり、同世代仲間とは、たくさん出てきた風呂敷やスカーフでエコバッグを縫い、売ってみるとか。楽しんでください。

仲間と気楽な時間の場所

こんな仲間がいたらいいですね！ いまのシニアにはギターが弾ける人も多いようです。地域のシニアの集まりやボランティアなどに参加し、勇気を出して「うちの縁側で遊ばない？」と募ってみると、案外仲間が集まるかもしれません。楽器でなくても、好きな趣味で集まる場所があればそのつながりが、地域防災の役に立ったり、医療や介護に関する情報網になったりもします。

近隣とミニパーティー

ちょっと声をかければ誰もが来やすい場所をつくって、仕事も子育ても一段落した後の人生はいっぱい遊びませんか？ 「うちでおしゃべりしない？」と声をかけやすいのが、気楽な飲食タイム。パーティーというより、カフェタイムでも、軽いドリンクタイムでも。そこで、この空間のいろいろな活用法を一緒に考えるのもいいですね。

健康で幸せが続く住まいをつくる

リフォーム学

人生100年時代。60・70代からが、人生仕上げの時間です。
「黄金の80代」と題した本書の巻頭言には、
60・70代は100年人生の8合目直前の難所であると記されています。
人生の第3コーナーまで走り続け、ひと息ついた時に、急に
体にガタがきたり、脳が衰えてきたり。そんなことをよけて通り抜け、
無事に80代に入った人には、「花開く老年期」が待っているそうです。
人生の第4コーナーは、「花開く老年期」で過ごしたい。
誰だってそう思います。そのためには食事も運動も大事です。
しかしその前に、行動力と決断力のある60・70代のうちに、
生活環境病を防ぎ、要介護で過ごす老後を回避する“ゼロ次予防”を！
ここで、人生の土台を補強するリフォーム学の修得を。

［予防医学のピラミッド］[32)]

治療
リハビリ
病気の悪化や再発を防止
3次予防
健康診断
早期治療
病気がひどくなる前に見つける
2次予防
医療機関を活用
生活習慣
づくり
体と心の健康を育む
1次予防
POINT!
住環境
づくり
健康づくりの行動を助ける
ゼロ次予防
家庭で実践

監修：東京都立大学 名誉教授 星 旦二

I. 省エネ断熱住宅を学ぶ

① 理想はZEH《ゼッチ》(ネット・ゼロ・エネルギー・ハウス)

高断熱	省エネ	創エネ

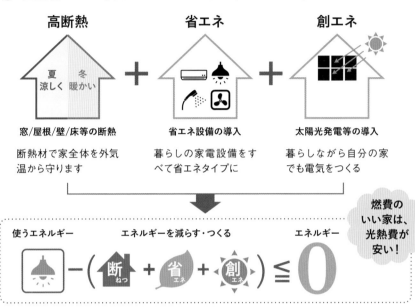

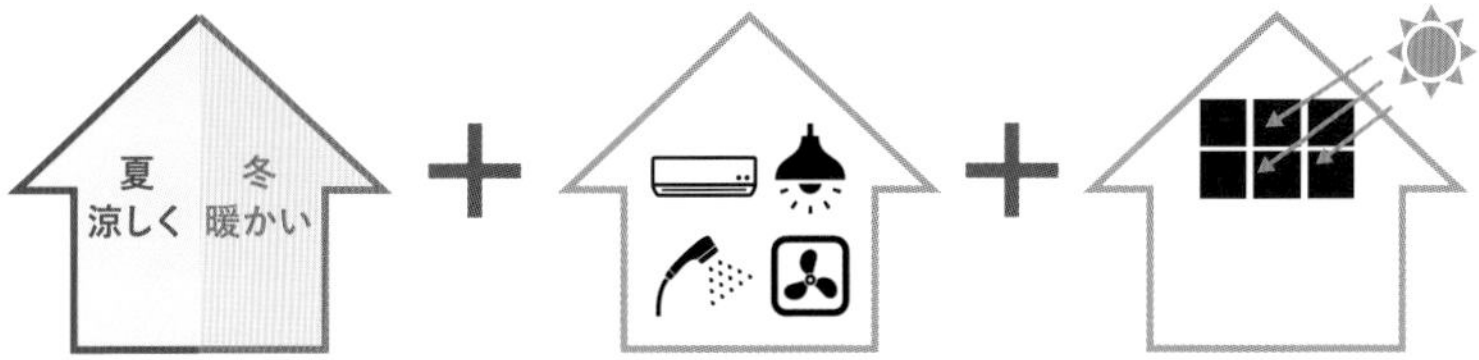

窓/屋根/壁/床等の断熱	省エネ設備の導入	太陽光発電等の導入
断熱材で家全体を外気温から守ります	暮らしの家電設備をすべて省エネタイプに	暮らしながら自分の家でも電気をつくる

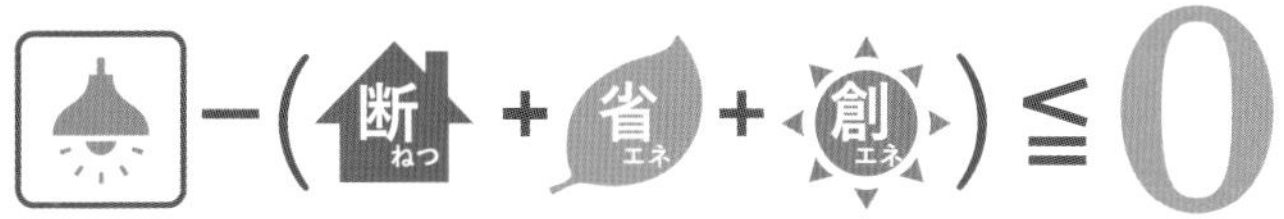

燃費のいい家は、光熱費が安い！

地球環境を守るためにも、消費するエネルギーと生産するエネルギーの収支をゼロにできる住まいの推進に、国も力を入れています。まず住まいの断熱性能の向上と省エネ設備で、消費エネルギーを減らすことが必須。その上で消費分をまかなえる創エネ設備の設置です。設備投資やメンテナンス費用がかかりますが、その分、毎月の光熱費が安くなるだけでなく、災害時の非常電力にもなります。ZEH のための設備投資には補助金もありますので、P109〜113 参照を。

まずは理想に近づく心がけから

既存住宅でZEHの実現は、相当な大規模改修と設備の交換が必要。それは無理でも、暮らしのエネルギー収支バランスの原則を肝に銘じておくことが、自分の身も子どもや孫たちの未来も守ることに。

電気代の節約はもちろんだけど、省エネ家電や創エネも、できるところからね。

② 高断熱・高気密に

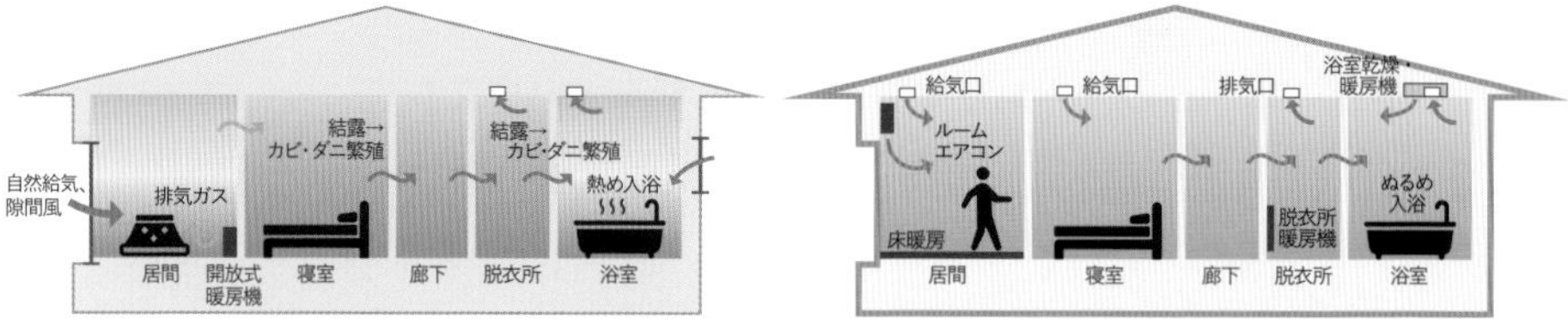

断熱性能が低いと、居間を暖めてもその空気は上に溜り、居場所は寒く、他の廊下や部屋は寒冷。部屋間の温度差がなく、少ない暖房で全体が暖まる高断熱・外からの冷気の侵入の少ない高気密に。

現在のお住まいの断熱性能はここでわかる！

1. 冷暖房の設定温度

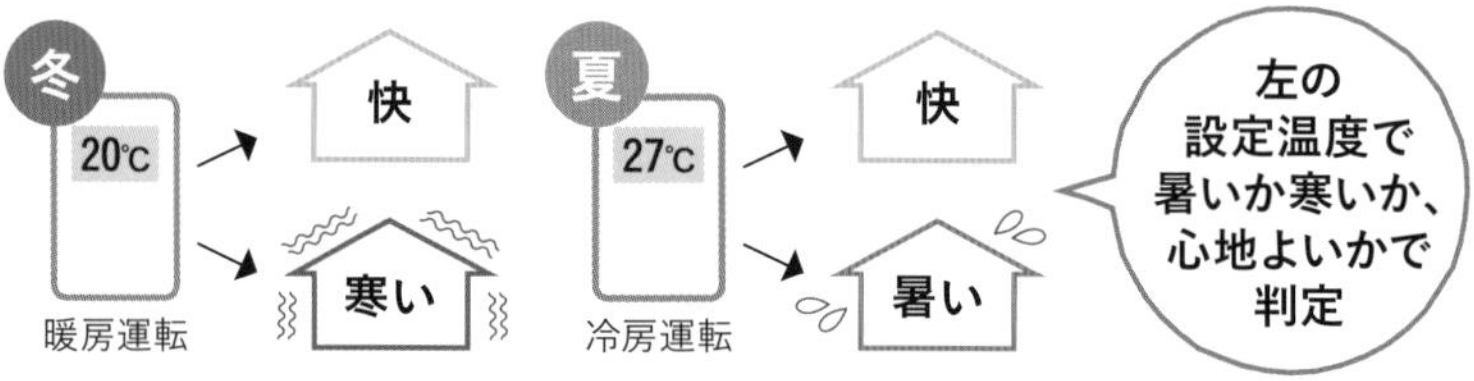

2. 部屋間の温度差

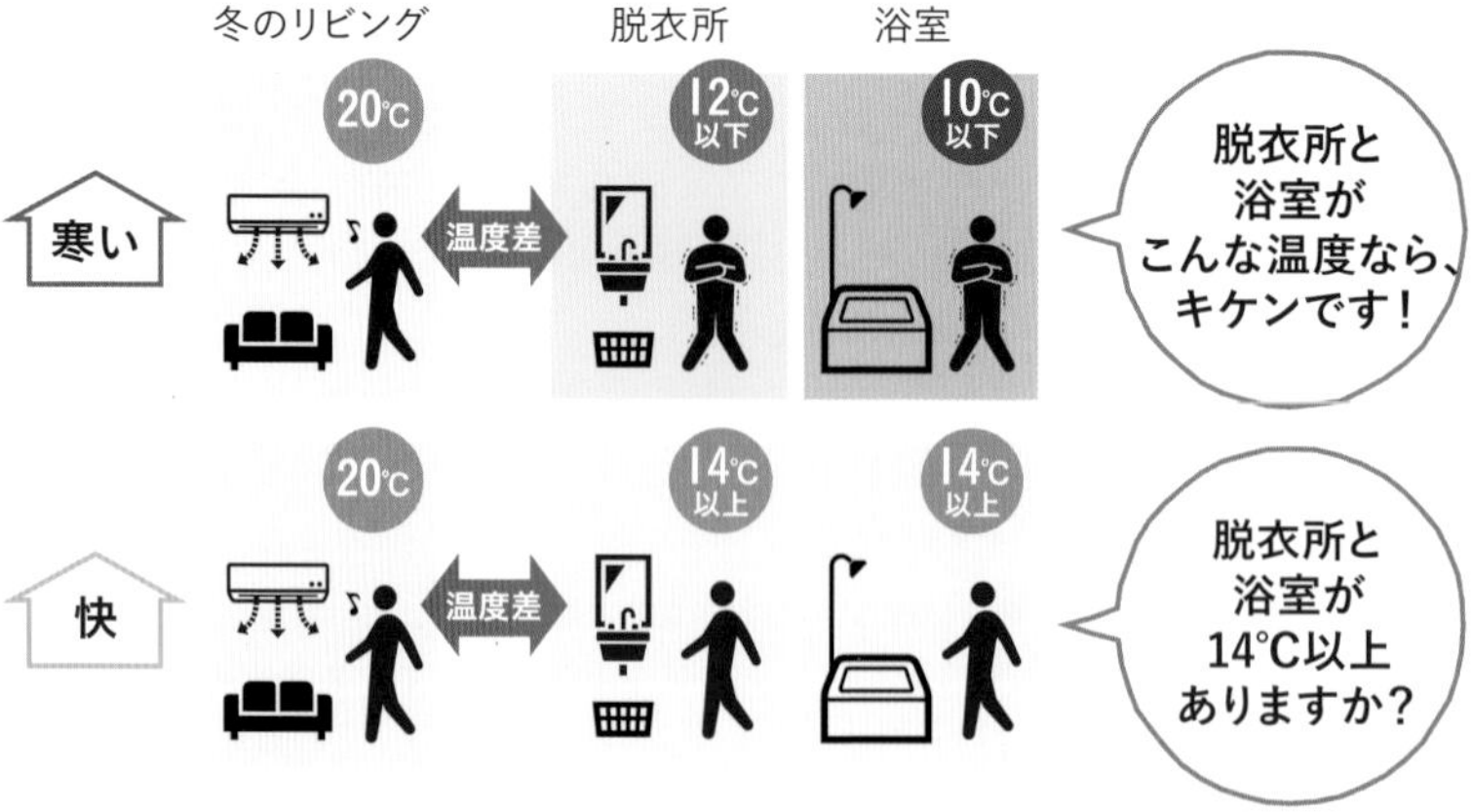

③断熱工法は大きく分けて２種類

家の中から構造躯体の間や内側に断熱材を入れる充填工法と、外側から断熱材で家を包む外張り工法があります。熱伝導率が低い木造住宅には、比較的低コストですむ充填断熱工法が多く使われますが、住宅の構造や材質によって、どちらがよいかは専門家の判断が必要です。

●充填断熱（家の内側から）

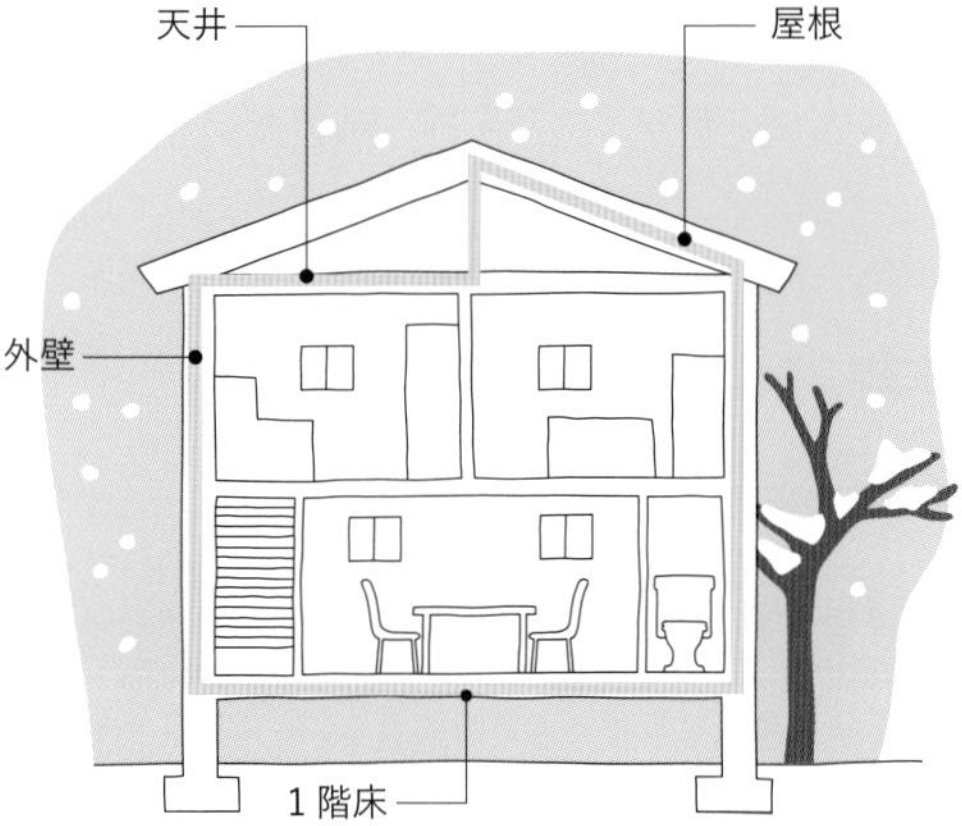
天井
屋根
外壁
1階床

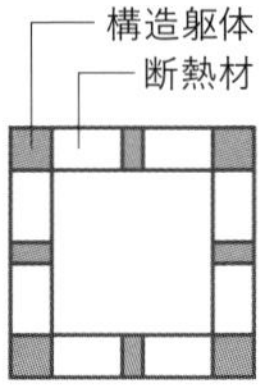
構造躯体
断熱材

柱などの構造躯体の間や内側に、断熱材を充填

壁の内側の柱間や、床や天井の裏に断熱材をしっかり充填。それでも柱などとの間に隙間ができるので、そこから壁内に結露が発生しないような処理が施されます。

●外張り断熱（家の外側から）

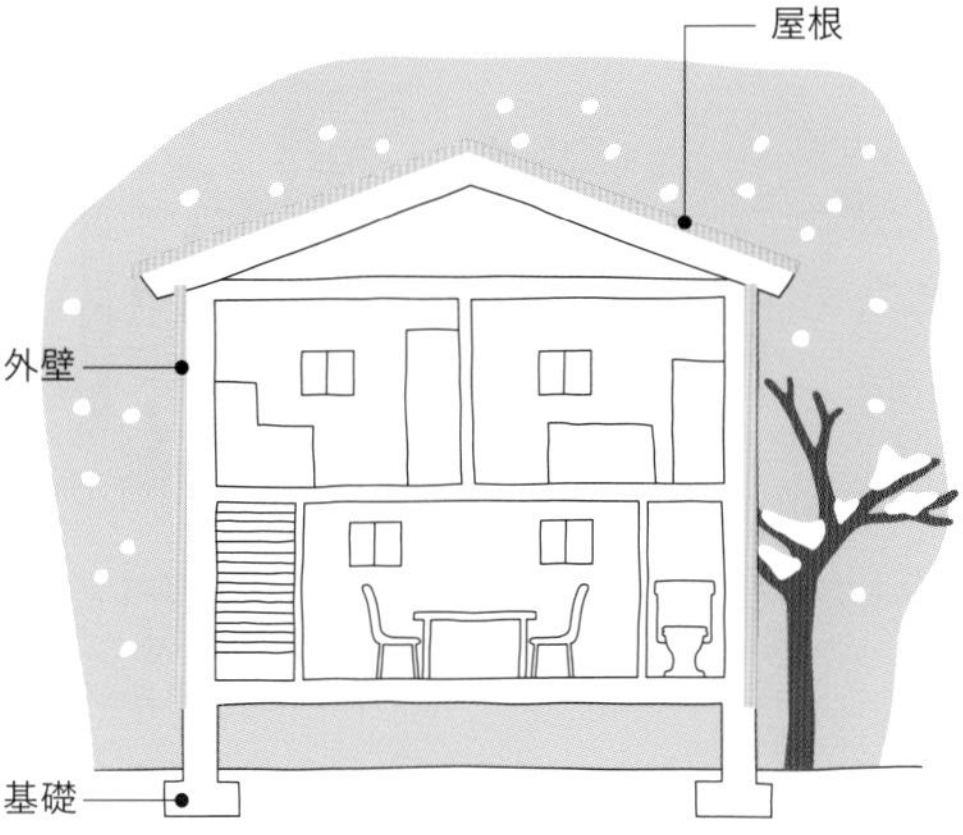
屋根
外壁
基礎

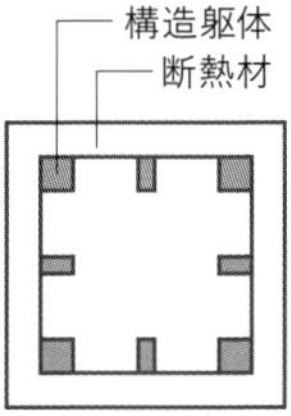
構造躯体
断熱材

構造躯体の外側にもう一重、断熱材を施工

構造躯体ごと断熱材で包むので、壁の中の空間はそのまま残り、結露や木材の腐朽リスクが減り、家も長持ちすると言われています。外側からの工事で済みますが、こちらのほうがコストはかかります。

④ 断熱改修の目的は熱の出入りを減らすこと

〈熱の流入・流出割合〉[33]

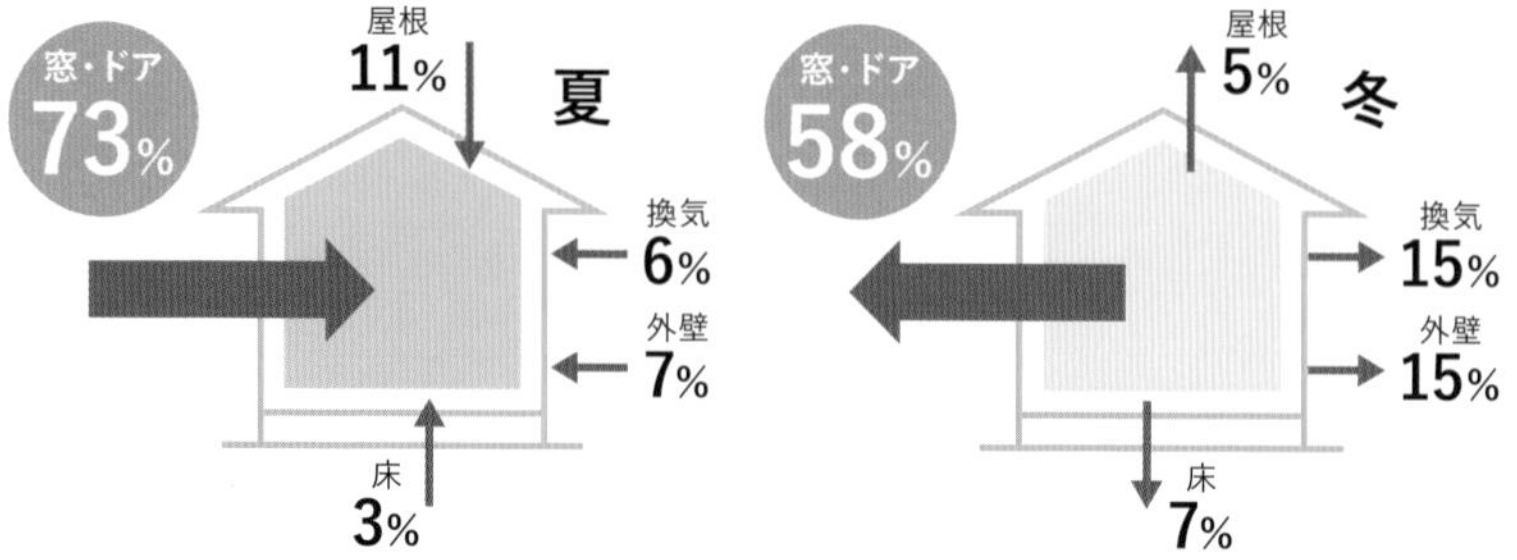
窓・ドア
73%
屋根
11%
夏
換気
6%
外壁
7%
床
3%
窓・ドア
58%
屋根
5%
冬
換気
15%
外壁
15%
床
7%

夏は熱が室内に入り、冬は室内から熱がどんどん外へ逃げていくのが断熱性能の低い家。

●窓を見直す(窓の改修方法は主に3つ)

ガラス交換

既存の単板ガラスを複層ガラスに取り換えます。ガラスとガラスの間に乾燥空気やガスが入っており、その層が断熱材になります。

窓交換

ガラスだけでなく、サッシごと新しい高機能窓に取り替えますが、古いサッシ枠の上にカバー工法で取り付けるので工事も簡単です。

内窓設置

既存窓の窓枠を利用して、内側にもう一つ樹脂の窓を入れ、二重窓にします。窓を2回開けることになりますが、最も簡単な工法です。

●ドアを見直す

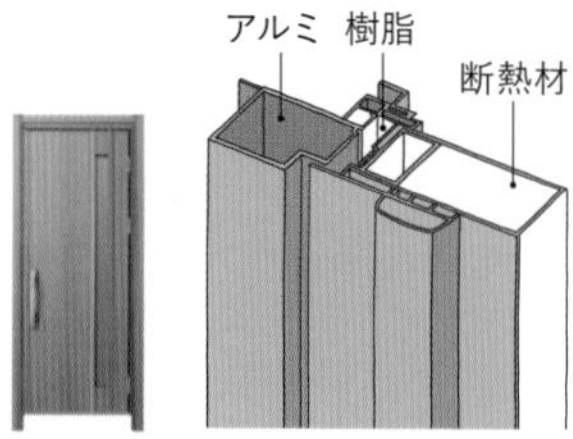
アルミ
樹脂
断熱材

従来のドア　断熱ドア

ドア枠の中が特殊構造、間に樹脂を入れることで断熱材の効果をアップ。

●壁・床を見直す

床板を剥がして断熱材を入れる室内からの充填法や、床下からの工法も。

壁の内側に断熱材を充填する工法のほか、パネル化した断熱材を貼り付ける工法も。

⑤ 手軽で効果の大きい断熱改修は、窓とドア

● ガラス交換でお手軽に断熱性アップ

ガラスだけ、1枚ガラスをペアガラスにすることでガラス部の断熱性は2倍以上に。

● 内窓の取り付けで、短時間で断熱窓に

窓の内側にもう一つ窓を取り付けて、二重窓に。元の窓との間にできる空気の層が断熱や防音機能を果たし、結露も少なくなります。複層ガラスの内窓にすればさらに高機能に。低コストで工事も1時間。

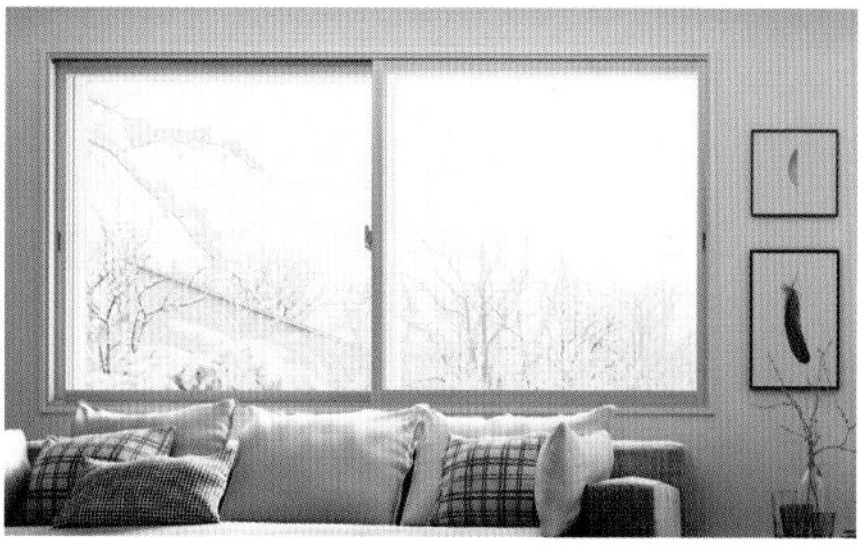

● 壁を壊さず、窓を交換することも可能

古い窓を新しく交換したい時も、元の窓枠にカバーをつけ、その上に新しいサッシの枠を取り付ける工法があります。壁まで壊さないのでそのぶん安く済み、工事期間も最短約半日で。新しい窓はサッシもガラスも高機能で断熱性能を高めます。

● さらに夏は、シェードの活用を

光を取り入れながら、熱を遮断。使わない時はすっきり収納、取り付けも簡単。一般的な複層ガラス窓でカーテンが遮熱する太陽熱は約45%、このようなシェードなら約80%カット。冷房効率がぐんとよくなります。

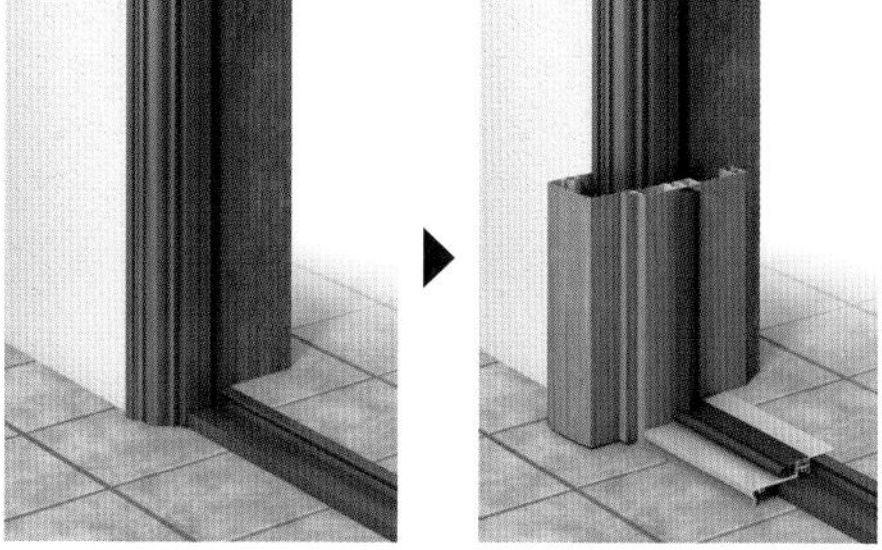

● 壁を壊さず、ドアの取り換えも可能

窓に次ぐ家の開口部であるドアも高断熱ドアに取り換えることで、家の断熱性がかなり変わります。ドアも元のドア枠にカバーをかけて、機能性の高いドア枠とドアに交換が可能です。工事時間も最短 1 日から。

※写真提供：LIXIL

⑥対策レベルで考える、断熱区画[34)]

現実的なのが、住宅の現状や住む人のライフスタイル、事情に合わせた断熱区画別に考えてみることです。その場合、冬季に一番重篤な“ヒートショック”という事故につながりやすい、「水回り」から断熱改修すること。次に、一日の長時間を過ごす「生活エリア」。そして「住まい全体」の順で考えます。

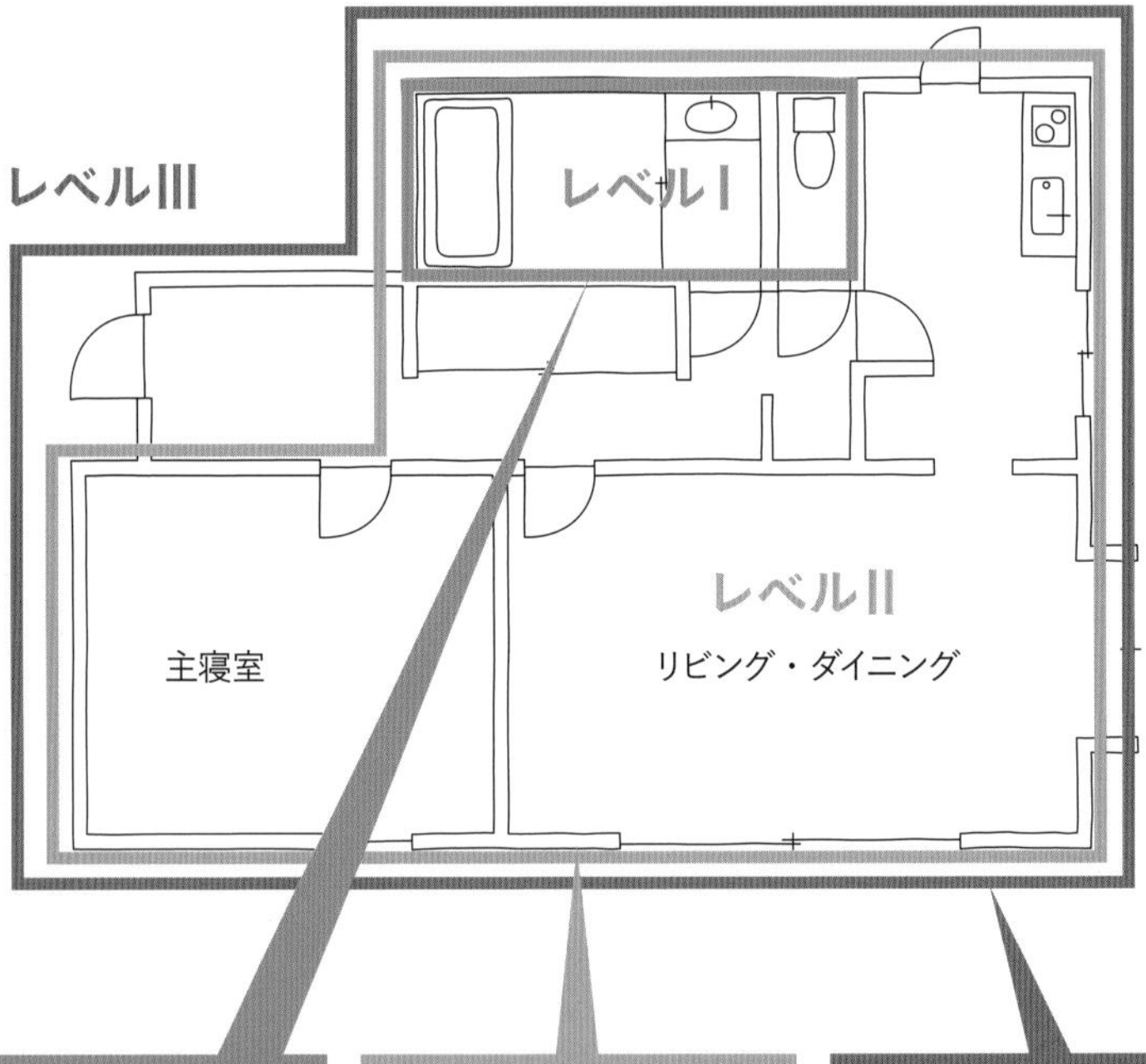

レベルIII
レベルI
レベルII
主寝室
リビング・ダイニング

レベルI

まず「水回り」から。古い断熱基準建築には、水回りの断熱リフォームと暖房設備導入の組み合わせで。現行の断熱基準なら、暖房設備の導入だけで済むことも。

レベルII

健康維持のためには、水回りに加えて、廊下や居間・食堂、隣接する寝室など、日常生活空間を断熱リフォームし、寒さによる身体への影響を減らします。

レベルIII

新築同様の高性能な断熱性能を目指し、家全体を暖かくするのが理想。耐震やバリアフリーリフォームなどとの組み合わせも容易ですが、工期がかかり、住みながらの工事が困難です。

健康リスクや人生プランと合わせて、断熱範囲の検討を

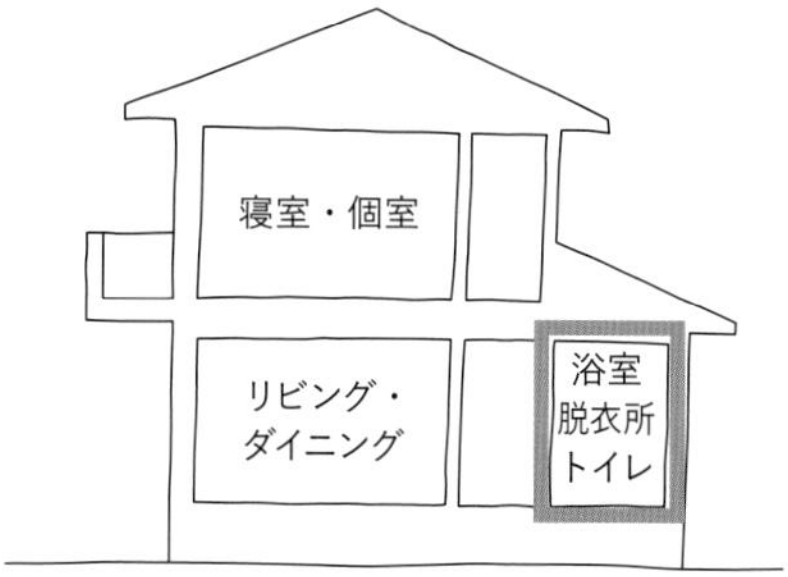

水回りの区画

寒さによる重篤発作から、命を守る!

比較的短期間の工期で行え、費用も安価で済みますが、さらに加齢が重なれば、廊下など非断熱区画との温度差の影響をどんどん受けやすくなるので、長期対策としては限界があります。

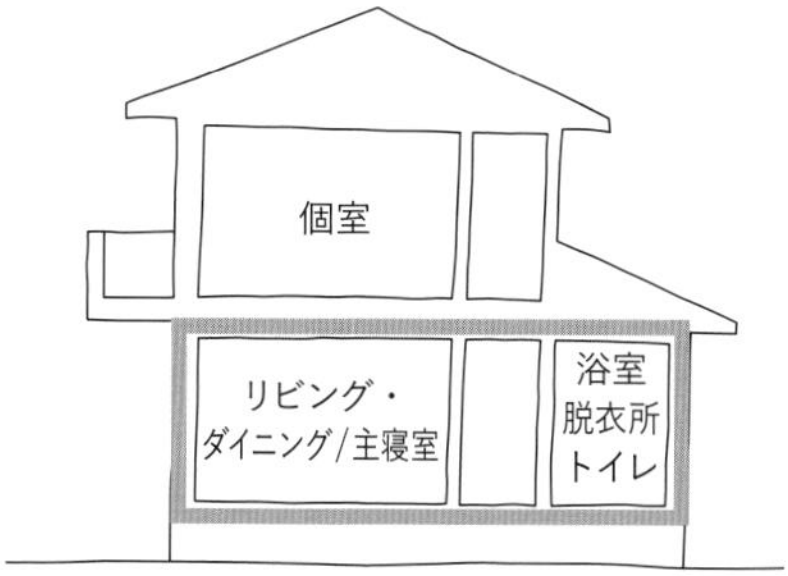

生活範囲の区画

寒くて動かなくなることから、体を守る!

現実的な対策で、そもそも階段が辛くなり、2 階には行かなくなる人も少なくありません。そのようなライフステージに合わせ、生活空間を 1 階に集めれば、1 日中暖かく暮らせます。

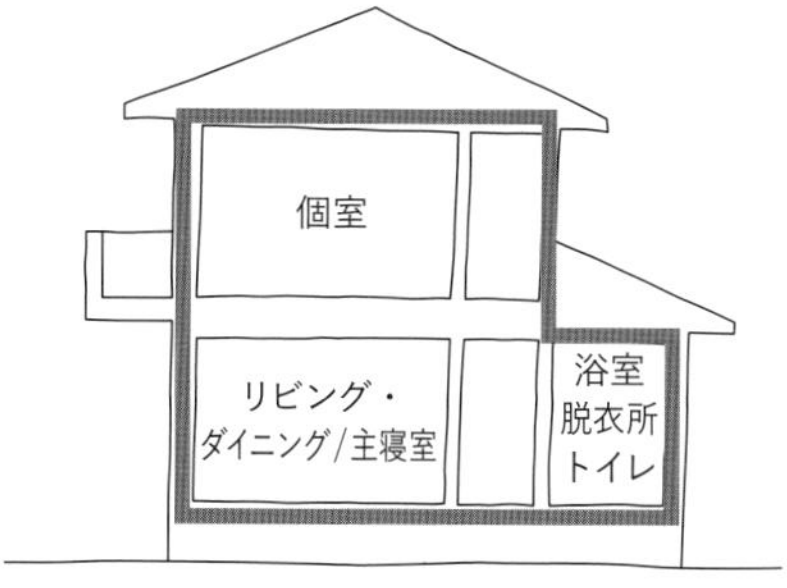

住宅全体の区画

高性能の住まいにして、人生を守る!

新築同様の高性能な家を目指し、断熱と同時に耐震改修なども行い、人生をさらにアクティブに過ごすことができます。また、次世代に引き継ぐ時にも、将来の売却時にも価値が上がります。

2. 老後に優しい間取りを学ぶ

① 生活動線が楽な間取りに

家の中でも機能的に動ける間取りの住まいに住んでみると、料理しながら洗濯機を回すのも、お風呂を沸かすのも、ちょっとしたものを出したりしまったりするのも、なんて楽なんだろうと実感するものです。日本の家屋はもともと機能性に関する配慮があまり重視されておらず、家庭を預かる者は 1 日中動き回っていることも少なくありません。高齢で 1 人暮らしになると、部屋の中にいろいろな物が出しっぱなしで、こんどはそれに突っかかって転ぶ事故も、間取りや収納の配置と関連があるかもしれません。

老後の住まいは、間取りも重要。動きやすい間取りが生活動作を阻害せず、いつまでも元気に動ける暮らしを支える一因です。

（例）

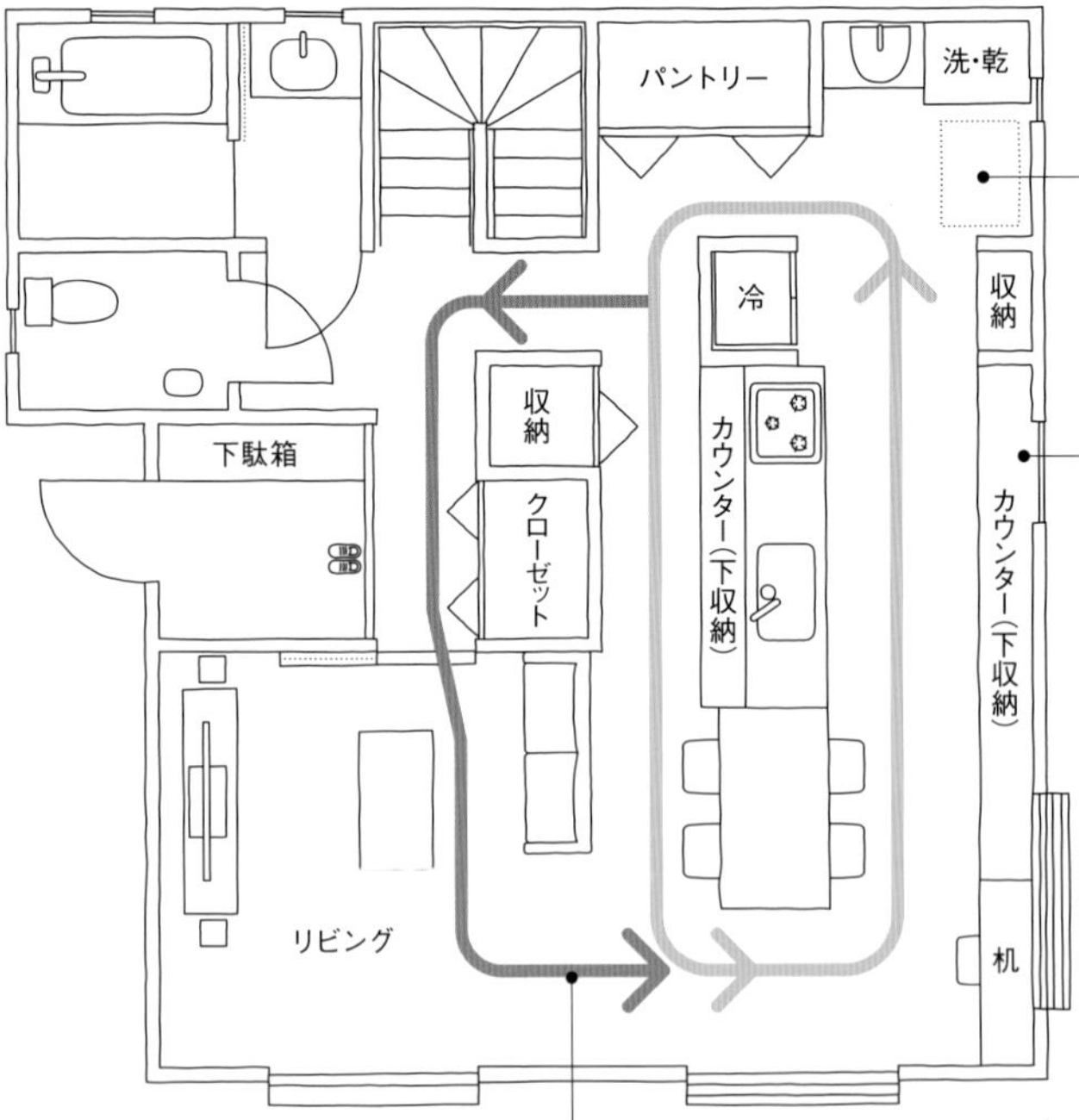

壁に折りたたまれている天板を持ち上げると、洗濯物をたたむ、アイロンをかけるなどの家事台に。

長いカウンターの下ほか、収納スペースが多いので、片付けが楽。これに続く机スペースも重宝です。

玄関とリビングの間はドアにせず、引き戸に。開け放しておけば、1階中が楽に動けて、とても楽な間取りです。

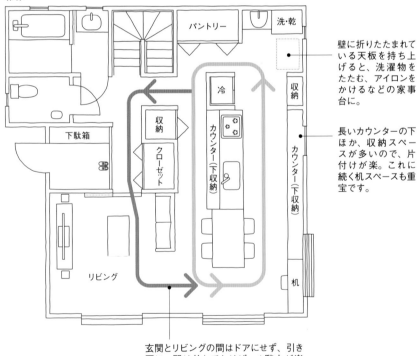

② 生活エリアがまとまった間取りに

キッチン、食堂、居間、そしてトイレ、浴室などの水回りと寝室がまとまった区画に配置されていると、1日の暮らしの動きが楽で、しかもまとまっているので、生活する空間全体を断熱改修することも容易です。

例えば、1 階の応接室や客間を寝室にし、収納スペースも見直しておくなど。高齢の親がいれば、まずそこを親の寝室に。

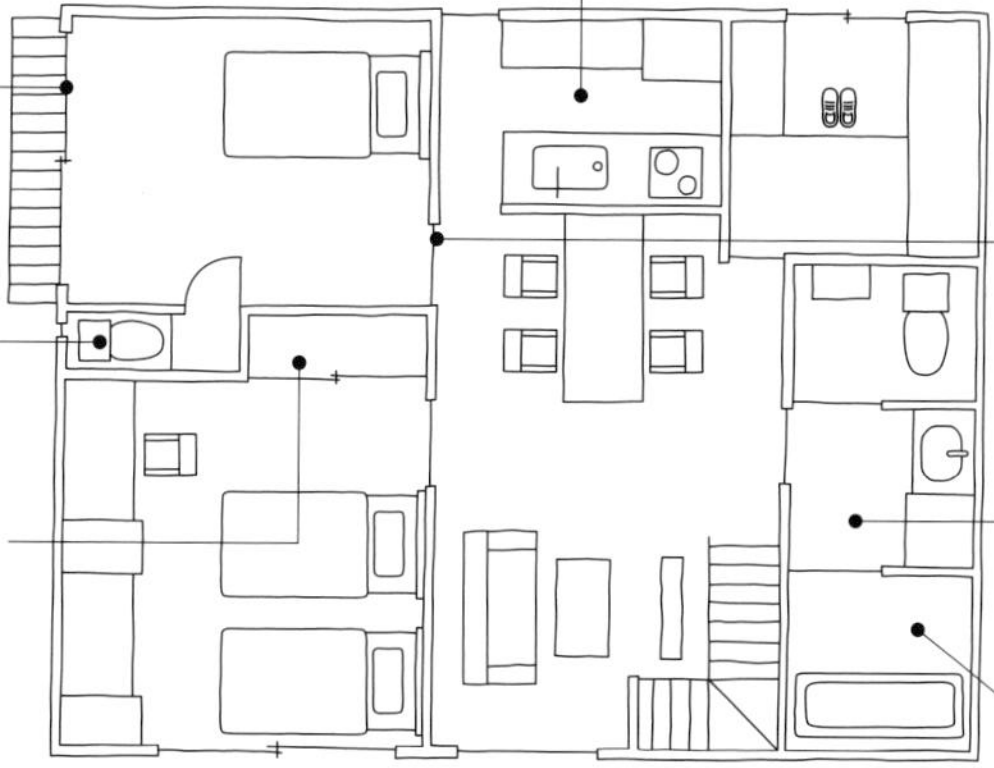

家族の様子を見ながら
調理できるキッチン
(例)
ぬれ縁や
ひさしを設置、
直接外出する
こともできるように
リビングに
隣接した開口部
(家族の様子を感じられる)
寝室の隣に
トイレを設置
片付けのしやすい
収納スペース
水回りを
ひとまとめにして
直線上に配置
全体的に広めに
して介助スペースを
確保

③ サイズダウンして、車イスでも暮らしやすく。寝室から、居間もトイレ・浴室もつながる間取りに

(例)

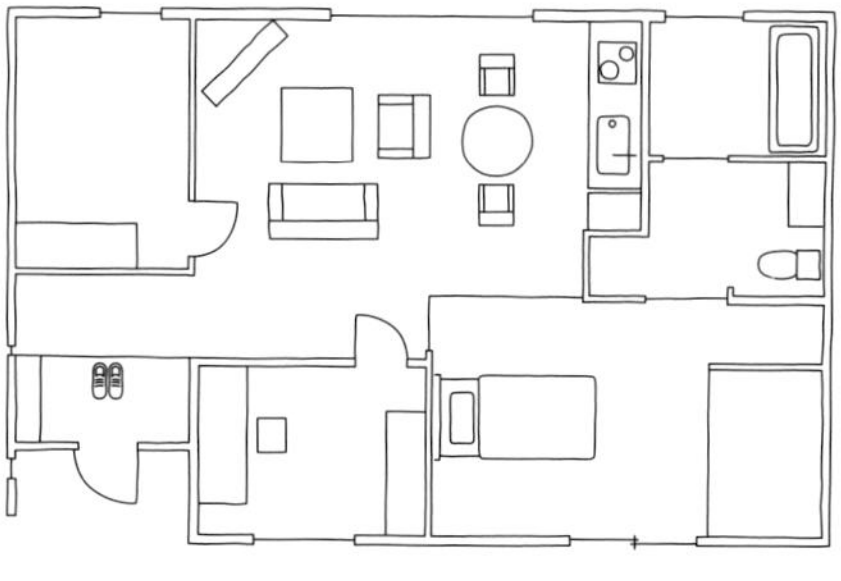

1人暮らしになったら、平屋に減築するなど、要介護になっても暮らせる間取りを考えておくことも必要。家のサイズだけでなく維持費もダウン。気分も身軽になれ、新しいことを始めてみたくなるかもしれません。

要介護状態対応の原則は、ベッドから居間にもトイレやお風呂にも直接車イスでも行けること。また寝室から車イスですぐに外に出られることです。

※図はあくまでイメージ間取りです。

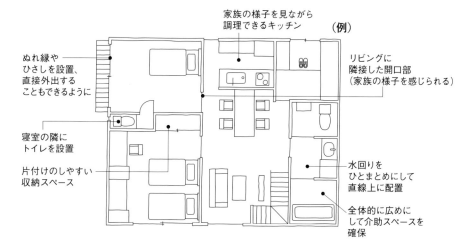

3. 段階別リフォームを学ぶ

1次リフォーム		2次リフォーム
50～60代	▶	70代以降

●1次リフォームで後半の人生設計を

100年人生のちょうど中盤、50～60代は残り後半戦の人生戦略を立てる時期です。子どもが巣立ち、親の介護の心配も現実味を帯び、今後を考える折返し点。夫婦2人や単身世帯でも、仕事最優先時代から世代交代が視野に入り、これから先を考え始める時です。

後半人生への意欲が前向きで、守りに入るにはまだ早すぎるこの時期こそ、住まいの1次リフォーム最適期です。生涯住む家として、間取りを見直し、健康体を持続してくれる大元になる断熱対策を施し、いつか心身機能が衰えた時の左頁のような備えも考えておく。

こうして住まいを全体的に見直す1次リフォームは、元気で資金面もいろいろ考えられるうちに。次は、いよいよ要介護状態になっても快適に暮らせるような2次リフォームを介護保険制度内で施す、段階別のリフォームを。

とはいえ、まだまだ住める家に大がかりなリフォーム費用はもったいないと思うかもしれません。しかし早晩、老朽化し始めた設備機器の故障や不具合が生じてきます。

1次リフォームは便利で安全な最新設備を取り入れ、できれば作り付けの収納にして、すっきり安全な暮らしに切り替えるチャンス。長年ため込んだ物の整理もできてしまいます。

いまどきワラの家はないかもしれませんが、木の家も昔の普請だと冬は寒いし、強風にも弱い。3匹の子豚たちも頑丈なレンガの家で最後は仲良く幸せに暮らしたとか。家はやっぱりしっかり耐震、断熱をして暖かい家にしておくことが、人が寄って来て、みんな幸せ気分でいられる条件。1次リフォームで、これからの安全と幸せの土台を築いてください。

やがて心身が弱っても、快適に暮らせる、介護用改修に備える配慮

バリアフリー&手すり対策

敷居は床に埋め込み、敷居のいらない吊戸の引き戸にして、生活範囲はフラットフロアに。廊下の壁には、手すりを付けられる下地を付けておければよい。また、居室に延長コードなどが這って足を引っかけることがないように、コンセントは多めに設置を。

通路対策

廊下などは、幅 80 ㎝以上の幅広に。必ず足元灯の設置を。

トイレ・浴室対策

トイレも浴室も、将来、介助者が入れるように、広めのスペース確保を。トイレのドアも、広く開く、引き戸に。また、浴室と脱衣所は段差のないタイプに。

玄関・外出口対策

玄関は、車イスが通れる開口幅の断熱ドアに交換を。また1階には将来は寝室にできるスペースを設け、その部屋から直接外にで出られるような縁側などの設置を。

室内ドア対策

手や腕の力も必要で、しかも体を上手に動かして出入りする必要がある開き戸のドアは、できれば引き戸に。

● 要介護認定を受けたら、2次リフォームを

要介護認定を受け、介護保険の給付対象になったら、手すりの設置や出入り口から道路までの段差の解消を行い、車イスになっても家の中の移動や外出が制限されないようにしておくのが、２次リフォームです。以下の改修工事費用が介護保険の給付対象になりますが、限度額２０万円まで。１～５の1つか２つで予算いっぱいか、やや超過するかが現実です。

介護保険でできる住宅改修

1　室内の廊下に、手すりの取り付け

壁に下地を入れておいた所などに、転倒予防や移動補助となる手すりを取り付けます。

2　浴室、玄関、道路などへの段差の解消

まだ残っている段差の解消を。取り付けずに使えるスロープは、福祉用具の貸与で使えます。

3　床や通路面の滑りにくい材料への変更

居室、廊下や階段、浴室、玄関外の通路なども滑らない材料に取り換えます。

4　引き戸などへの扉の取り換えや、扉の撤去

開き戸から引き戸や折り戸、アコーディオンカーテンにしたり、扉をなくして広い開口部にします。

5　洋式便器などへの便器の取り替え

さらに暖房便座や洗浄機能付き洋式便器に替えます。

6　１～５の改修工事に必要な、下地工事

その工事のための下地の補強や、給排水設備工事など。大がかりな下地工事が必要だと、２０万を超えてしまうことも。

支給限度基準額２０万円まで、所得によって自己負担が１～３割

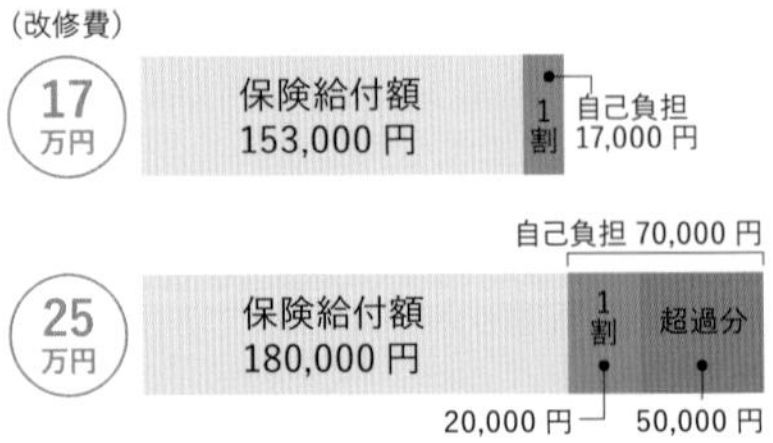

（改修費）
17 万円
保険給付額 153,000 円
1割
自己負担 17,000 円
25 万円
保険給付額 180,000 円
自己負担 70,000 円
1割
超過分
20,000 円
50,000 円

自己負担が１割の場合、左のように改修費が17万円なら、自己負担額は17,000円で済みますが、20万円を超えると、20万円までの1割分の自己負担額に、超過分を足した金額が自己負担に。原則１回限りですが、20万円未満だった時は、残りの金額を再申請することができます。

第3章

人生を幸せに仕上げる「暮らし」の条件

1 健康寿命を延ばし、認知症を防ぐには

大事なのは、メリハリのある生活習慣

食事・運動・睡眠の三位一体で

幸せに歳を重ねるには、まず、健康寿命を延ばすこと、それに間違いはありません。そこで、何をどのくらい食べればよいのか、どんな運動をどのくらいすればよいのか、睡眠は何時間ぐらいが理想なのか。意識の高い人ほど情報に敏感で、実践を心がけています。

しかし、それが毎日の義務になってしまっては、本末転倒です。伸びやかに、日々をゆったりと楽しむ心がなければ、健康寿命はついてきません。

朝気持ちよく起きられれば、ごはんも美味しいし、天気がよければ外で体を動かすのも気持ちがいい。住まいの環境もこざっぱりと気持ちよくしておきたいから、自分の手足で掃除も洗濯も、しっかり。使いやすくて動きやすいキッチンがあれば、たとえ一人暮らしでも、好きなものをちょっとつくって楽しんだり、安い食材を見つけたら保存食に調理してみたり。最近は、男性でも料理上手が増えています。

このようなアクティブな気持ちで暮らしていることが、認知症を防ぎ、健康寿命を延ばす何よりの秘訣です。本書では何回も繰り返し述べていますが、それもアクティ

よく眠れ、
身軽に動け、
お腹が空く毎日で！

ブに暮らせる住まいあってのことです。夜も夕飯を食べたらテレビの前で居眠りをするのではなく、手先と脳を使う趣味や物書きの時間に使うなど。夕食後に爆睡してしまい、いざ寝床に入ったら眠れないからと薬に頼る習慣は要注意です。

一日を活発に過ごし、気持ちは満足、体は疲れて夜の眠りにつく。そんな食事、運動、睡眠が三位一体の暮らし方を。

パターン化せず、小さな変化を工夫して

暮らし方、住まい方には不思議とその人なりの流儀があるものです。プライドをもってそれを守っていくのが高齢者の美しい生き方でもあります。しかし、一流の流儀を守り伝える人は、その中にも少しずつ時代の変化を織り交ぜて、さらに流儀を磨いています。

新しいことや知らないことから刺激を受けると、脳は喜んでいつもと違う部位を働かせ、活性化します。神経を集中させ、注意を払わなくてもできてしまう、いつも通りのことだけを続けていると、脳は横着になり、老化が早まります。いろいろ食べる食事が大事なのも、栄養面だけでなく、さまざまな歯ごたえや味と出合うたびに脳が刺激を受けて喜び、認知症予防になるからです。

やせて栄養不足になるのは、NG!

「歳をとったら粗食でいい」というのは大間違い。高齢期にはメタボより、やせと栄養不足が要介護になるリスクも死亡リスクも高めることが判明しています。下の計算式でBMIが20以下はやせ。アルブミン値が4.0以下なら栄養不足です。やせて栄養不足になっていませんか?

【BMI】身長と体重の比率から、肥満や痩せを判定する指標

BMI= 体重(kg)÷身長(m)÷身長(m)

例:体重 46 kg、身長 154 cmの人は、46÷1.54÷1.54≒19.4(痩せです!)

【アルブミン値】肉や魚のたんぱく質からつくられる成分

血液検査で測定できるので、一度、主治医に測ってもらいましょう。

お口の健康維持と筋トレは意識的に

噛む力と飲み込む力が健康長寿の勝負力に

健康長寿のカギを握るのが、実は歯の健康です。歯が弱り、噛めなくなると、食べられるものが限られてきて低栄養になり、全身の機能が低下し始めます。65歳以上でさきイカやたくあんを咀嚼できる人は、健康でいる期間が長いと判明しています。

もう一つのカギが飲み込む力です。支えているのが喉と舌の筋力です。むせるようになったら、これらの筋力が低下しているサイン。むせは要介護に近づく兆しとも言われています。何でも美味しくパクパク食べられなくなり、誤嚥して誤嚥性肺炎になるリスクも高まります。

飲み込む力の強化になるのが、毎日のブクブクうがいとガラガラうがい。感染症の予防にもなります。毎日元気にほっぺを大きく膨らませ、含んだ水をブクブクと。次に上を向いて喉の奥で含んだ水を元気よくガラガラしましょう。

噛む力と飲み込む力が若さ維持の勝負を分けるといっても、過言ではありません。寒くて使いにくい洗面所で、歯磨きもうがいも早く済ませたい住まい方になっていませんか？

生活体力を堅持する、筋力の維持を

若い時のようなスポーツからは一線を退いても、日々の暮らしに必要な生活体力は堅持してください。筋力が落ちてサルコペニアになるとフレイルや認知症のリスクにもなります。生活動作を身軽にこなすには、

噛めないのを放置しちゃダメ！

噛まないと脳への刺激が減り、バランス力や反射力が低下。転倒や認知症のリスクが高まります。

下半身の筋力と、意外かもしれませんが握力が重要です。握力は、全身の体力を知る指標とされています。4kg（2ℓ入りペットボトル2本分）の荷物を持ち上げて運べなくなったら、体力レベルに注意信号が点滅しています。

朝から散歩に出かけても、あとはずっと、入れてもらったお茶の前で座りっぱなし。ごはんも出てくるのを待っているような住まい方は厳禁。庭や家の手入れ、物の片付けなど、こまめに動くことが生活体力を維持する近道です。

ウォーキングだけでなく、筋トレとの組み合わせを

健康長寿に筋力維持が重要なことは、すでに痛感していただけたと思います。ただ、多くの方が勘違いしているのは、「だからウォーキングをしている」という習慣です。

ウォーキングは全身に酸素を回す有酸素運動で、脂肪が燃え、全身の血流がよくなり、動脈硬化を防いで生活習慣病の予防改善には欠かせません。ただ、これだけでなく、下のように筋トレとの組み合わせを。

筋肉を増やすには、筋トレなどで筋肉に負荷をかけ、負荷がかかって傷ついた筋肉が体内のたんぱく質で修復されることで、はじめてより強い筋肉として増強されます。材料はたんぱく質ですが、材料を利用するために必要なエネルギーとして糖（炭水化物の糖質）が使われます。

ウォーキングをし過ぎて疲れて食欲が落ち、糖が足りないと、体は筋肉のたんぱく質を分解してエネルギーとして使い始めます。これではかえって筋肉が減り、転びやすい体になるだけです。生活習慣病を防ぎながら体力を維持するには、無理のない範囲でウォーキングと筋トレの両方を。

グーパー＋ウォーキング＋筋トレを

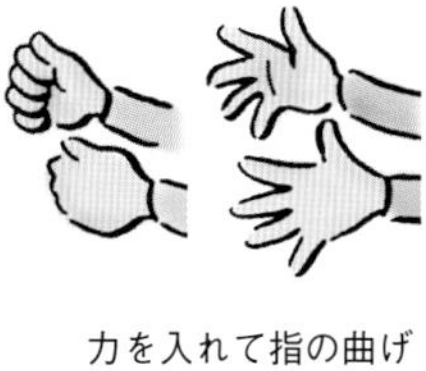

力を入れて指の曲げ伸ばしを何回も

手荷物を持たずに、大股でしっかり手を振って

手を使わずに立ったり座ったりを最低15回

一人で我慢しない、一人で頑張らない

一人も自由でいいけれど、ずっと一人はさびしい

『精神科医が教える60歳からの人生を楽しむ孤独力』保坂隆著など、近年は孤独力の書籍も人気。長生きすれば、最後は一人になる可能性が高く、一人で心豊かに生きるヒントを社会が欲しているのかもしれません。また在宅勤務の広がりで、高齢者でなくとも孤独を感じる人が増えていることも関係ありそうです。

一人で生まれ、一人で死んでゆく私たち。人生という旅の始まりも、最後の旅立ちも一人ですから、孤独を愛する本能も備わっているはずです。一方、人は人で癒やされる、人は一人では生きられない、ともよく言われます。時には一人がよくて、ずっと一人だと寂しいのが、人としての本音なのです。

高齢期とは、その本音に素直になれる貴重な時間。世間体や、あらゆる勝ち負けに翻弄されて生きてきた心の荷物を少しずつ降ろして、自由に生きてよい時間を手に入れた「幸齢期」ですから。

孤独力と対人関係力のバランスのとれた人生を

ところが、そう簡単に素直になれないのも人の本性。人に迷惑をかけてはいけないと育てられた世代には、世間との仕切りをつくり、一人で我慢し、一人で頑張り、孤立していく人もいます。人とのつながりがなくなるのは、フレイルや認知症に近づく大きなリスクです。一人か、人と交わるか。意固地になってどちらかに偏らず、バランスのとれた人生観で生きていいてください。

高齢者の社会貢献(プロダクティビティ)の内容[35)]

- ◆ 有償労働（いわゆる仕事）
- ◆ 無償労働（家庭菜園、家事、家族介護など）
- ◆ ボランティア活動
- ◆ 相互扶助
- ◆ 保健行動（セルフケア）※

※高齢者自身がセルフケアを心掛けて健康でいることが、医療費や介護費を抑制し、歳を重ねても健全に生きる姿を社会に示すこと、それ自体が社会の役に立つという視点です。

インプットより、アウトプットを

第二の人生の時間を学びに向ける人も少なくありません。ただし、認知症予防のつもりなら、覚えておいていただきたいことがあります。それは、「インプットより、アウトプット」が大事だということ。

脳はインプットした情報をすべて記憶にとどめるわけではなく、必要なもの、使うものだけを記憶します。いくら教科書を読んでも忘れてしまいますが、ノートに整理し、それを発表すると記憶に残ります。

さらに、感じたことや関連情報も加えて発信するとなると、これまでの知識や記憶を総動員して熟慮、選択し、表現を工夫します。音楽や絵画、踊りなどの自己表現で発信しても構いません。ここで脳はフル回転し、学びが認知症予防の効果を発揮します。

社会貢献できる生き方が健康寿命を延ばしてくれる

ジェロントロジーでは、社会の中で役割を持って生きてゆく歳の重ね方をプロダクティブ・エイジングと呼びます。プロダクティブとは生産性と訳されますが、右頁(下段)のような何かしらの労働や活動で社会に役立つという意味も含めて、社会貢献と訳されています。

現在の65歳以上人口の8割は介護保険のお世話にならず、自立して暮らしています。元気なら、支えられるより、支える側でいることが生きがいになると思いませんか。下の調査結果を見ても、いくつになっても助け合える、支え合える人でいる、その生き方こそが健康寿命を保ち、自分自身のウエルビーイングを高める道と言えそうです。世の中やっぱり、「情けは人のためならず」だったのです。

※1) 金恵保ほか「日本公衆衛生雑誌」46巻532頁1999

男性はボランティア活動が効果あり！

【ボランティア活動による3年後の要支援・要介護の抑制効果】36)

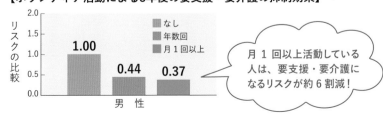

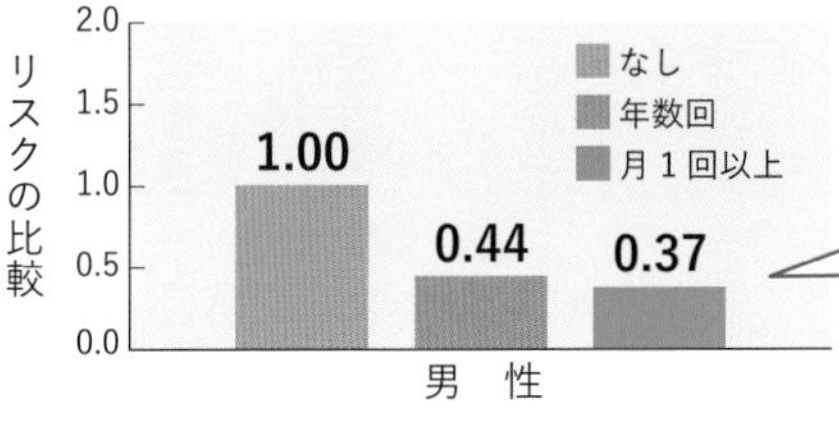

リスクの比較
2.0
1.5
1.0
0.5
0.0
なし
年数回
月 1 回以上
1.00
0.44
0.37
男 性

月 1 回以上活動している人は、要支援・要介護になるリスクが約 6 割減！

知らず知らずにフレイルに近づかないこと

心も体も社会性も低下してしまうフレイル

フレイルとは、健康体から歳とともに要介護状態に近づく過程のことを言います。ある日フレイルになるのではなく、「(身体や認知判断力を含む)心身機能」、「(家事全般やお金の管理などの)生活機能」、「(仕事から近所付き合いまでの)社会的機能」の3つが影響し合って低下していき、段々に自立して暮らせない状態になります。入口は、人付き合いや社会とのつながりの低下とも言われています。外に出ないで誰ともしゃべらなくなると、何ごとにも気力がわかなくなり、体を動かすのも億劫に。ごはんも手抜き、足腰も弱るという道のりです。外出が面倒くさくなるのが一番の落とし穴です。

もう1つ、オーラル・フレイルと言い、食べ物を噛んで飲み込むお口の機能が低下すると栄養が不足して（P88参照）、体も脳も弱るので要注意です。

何歳頃からフレイルになるのか？

【生活機能の加齢変化パターン】[37]

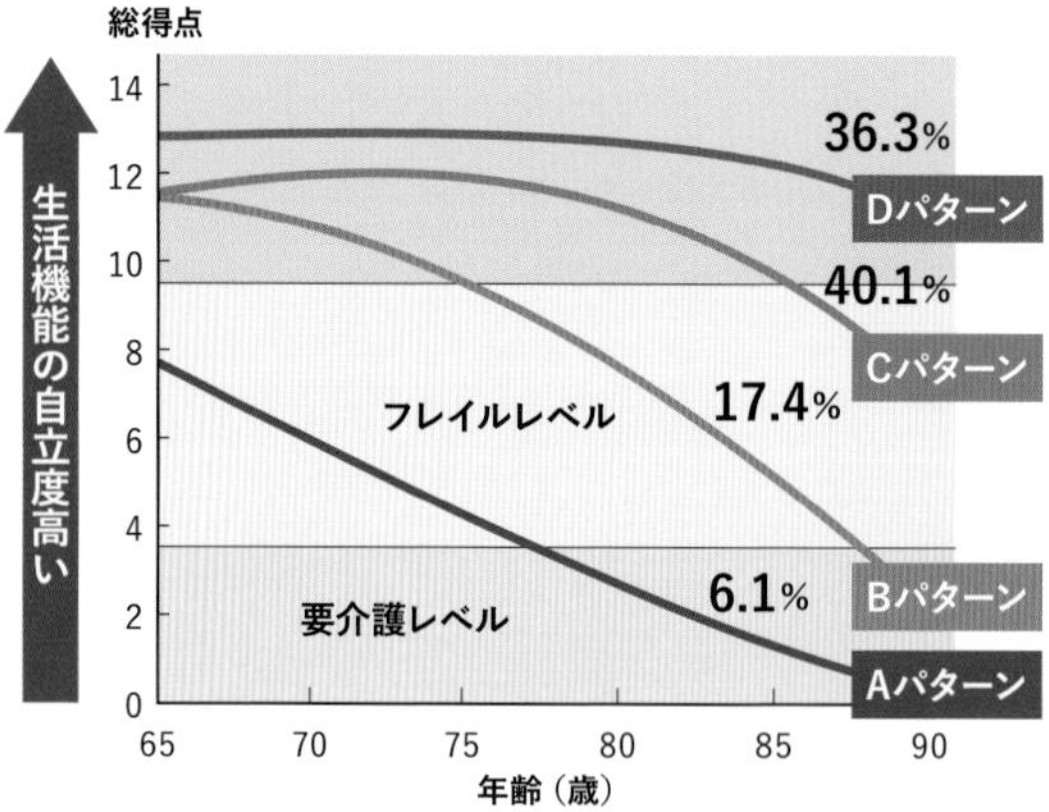

総得点
生活機能の自立度高い
14
12
10
8
6
4
2
0
36.3%
Dパターン
40.1%
Cパターン
17.4%
Bパターン
6.1%
Aパターン
フレイルレベル
要介護レベル
65
70
75
80
85
90
年齢（歳）

（生活機能は老研式活動能力指標を用いて測定）

65歳以上の在宅高齢者約2,700人を対象に10年以上追跡した調査から、生活機能がフレイルレベルに入る年齢を上のグラフでみると、A は65歳ですでにフレイルになっている群。B は65歳時点では生活機能の自立度は高いのに、以後急速に低下して75歳頃からフレイルになる群。C は80歳頃までは高い生活機能の自立を保ち、85歳以降頃からフレイルになる群。D は90歳でもフレイルになっていない群です。図内の%は、調査地域の高齢者のうち、A～D に該当した人の割合です。フレイルになる年齢が健康寿命を大きく左右しますが、早く気づいて、P86～91を参考に心掛ければ健康に戻ることも可能です。

フレイルチェック　あなたのリスク度は？[38)]

赤枠内の合計点数が4点以上の人は、すでにフレイルが始まっています。3点以下の人に比べると2～4年後に日常生活に障害が出るリスクが3倍以上になります。P86～91を参考にフレイルの予防・改善を！

体力	❶ この1年間に転んだことがありますか	いいえ	はい
体力	❷ 1km ぐらいの距離を不自由なく続けて歩くことができますか	はい	いいえ
体力	❸ 目は普通に見えますか（㊟眼鏡を使った状態でもよい）	はい	いいえ
体力	❹ 家の中でよくつまずいたり、滑ったりしますか	いいえ	はい
体力	❺ 転ぶことが怖くて外出を控えることがありますか	いいえ	はい
体力	❻ この1年間に入院したことがありますか	いいえ	はい
栄養	❼ 最近、食欲はありますか	はい	いいえ
栄養	❽ 現在、たいていの物は噛んで食べられますか（㊟入れ歯を使ってもよい）	はい	いいえ
栄養	❾ この6カ月間に3kg 以上の体重減少がありましたか	いいえ	はい
栄養	❿ この6カ月間に、以前に比べて体の筋肉や脂肪が落ちてきたと思いますか	いいえ	はい
社会	⓫ 一日中家の外には出ず、家の中で過ごすことが多いですか	いいえ	はい
社会	⓬ ふだん、2～3日に1回程度は外出しますか（㊟庭先のみやゴミ出し程度の外出は含まない）	はい	いいえ
社会	⓭ 家の中あるいは家の外で、趣味・楽しみ・好きでやっていることがありますか	はい	いいえ
社会	⓮ 親しくお話ができる近所の人はいますか	はい	いいえ
社会	⓯ 近所の人以外で、親しく行き来するような友達、別居家族または親戚はいますか	はい	いいえ

「はい」または「いいえ」に○をつけ、赤枠内の○の個数を数えます（1個につき1点）。

合計点数　　　　**点**

2 健康感と幸福感が続く人生のために

健康寿命に縛られすぎない、意識改革を

そもそも健康寿命とは？

現在の日本の平均寿命は、男性81・41歳、女性87・45歳。健康寿命は、男性72・68歳、女性75・38歳。このデータ[39]から、多くの人は、男女とも平均寿命より健康寿命は10年ぐらい短く、その間あたかも要介護状態で過ごすように思い込んでいますがこれは大きな誤解です。

そもそも、健康寿命はどうやって測られ、健康と不健康はどこで線引きされているか、ご存じでしょうか？

健康寿命は、「日常生活に制限のない期間」とされ、3年に1度の国民生活基礎調査（大規模調査）の2つの質問から対象者を「健康」と「不健康」に分けています。

下段右の〈問1〉で1つでも「ある」に該当すれば、それだけで「不健康」に入ります。例えば「2外出（時間や作業量）」で、「ちょっとヒザが痛いので、もう長く歩くのは…」とか、「4運動（スポーツ）」でも、「もうやれるスポーツは限られている」と思って、制限が「ある」と答えれば、その人はもう「不健康」のグループに分けられます。

下段左の〈問2〉も同じです。近頃ちょっと腰痛があるので、健康状態は「あまりよくない」と答えただけで、健康寿命を失っている扱いに入ります。どちらの質問の回

問1

あなたは現在、健康上の問題で日常生活に何か影響がありますか？
□ある　□ない

補問　**日常生活に関する次の5つのどれかに制限がありますか？**

1. 日常生活動作（起床、衣服脱着、食事、入浴など）
2. 外出（時間や作業量などが制限される）
3. 仕事、家事、学業（時間や作業量などが制限される）
4. 運動（スポーツを含む）
5. その他

答者も70、80歳代になれば、このくらいのことはままあること。体の声を聞きながら、暮らしのペースを調整して、自立して暮らしていることは考慮されていません。

不健康の該当者にも、自立して元気に過ごしている人がたくさんいる

国民生活基礎調査で単純に「健康」と「不健康」の2組に分け、何の制限もなく健康と答えた人だけを該当者として専門的な計算法で算出されているのが我が国の健康寿命。不健康＝寝たきりや要介護状態という意味ではないのです。

厚生労働省の研究班が行った研究には、日常生活の自立を失い、要介護と認定されたことをもって健康寿命が失われたとした場合（右頁・問1の補問1に該当）、平均寿命より健康寿命が短くなるのは、わずか2年未満と示している文献[40]もあります。

約10年も車イスか寝たきりか。その誤解が老いを恐れるもと

とはいえ、日本の平均寿命には何年もの寝たきりや要介護状態が含まれているとWHOが指摘して健康寿命の概念が登場してきたため、厚生労働省の健康情報サイトには、健康寿命は「WHOが新しく提唱した指標で、平均寿命から寝たきりや要介護状態を差し引いた期間」と記されています。

これでは平均寿命と健康寿命の差の年数は、寝たきりや要介護状態で過ごすイメージが広がり、老いが恐れられても無理ありません。この誤解をまず払拭することが急務です。長生きを手に入れた以上、健康寿命を延ばすことは最も大切なことです。しかし、健康寿命を失ったらあとは寝たきりで、もう人生終わりのような誤解が、老いへの不安を増長している一面もあるのではないでしょうか。

問2

あなたの現在の健康状態はいかがですか？

- □よい
- □まあよい
- □ふつう
- □あまりよくない
- □よくない

高齢期の健康は、「生活機能」

長寿社会になれば、健康の定義も変化する

ここで、質問です。健康の反対は何だと思いますか？ 病気？ いいえ、病気やケガではなく、前頁の健康寿命の決め方にも記した「不健康」な状態のことです。その論拠は、1947年にWHOが提唱した健康の定義です。日本ではこう訳されています。「健康とは、病気でないとか、弱っていないということではなく、肉体的にも、精神的にも、そして社会的にも、すべてが満たされた状態にあることをいいます」と。

当時の日本の平均寿命は男性が約50歳、女性が約54歳。その後、急速に平均寿命を延ばして日本は世界の上位に踊り出ましたが、1950年代から2010年頃までには、世界全体の平均寿命も約20年伸び、70歳を

老研式活動能力指標 [41)]

手段的自立について	❶ バスや電車を使って1人で外出できますか	はい	いいえ
	❷ 日用品の買い物ができますか	はい	いいえ
	❸ 自分で食事の用意ができますか	はい	いいえ
	❹ 請求書の支払いができますか	はい	いいえ
	❺ 銀行預金・郵便貯金の出し入れが自分でできますか	はい	いいえ
知的能動性について	❻ 年金などの書類が書けますか	はい	いいえ
	❼ 新聞を読んでいますか	はい	いいえ
	❽ 本や雑誌を読んでいますか	はい	いいえ
	❾ 健康についての記事や番組に関心がありますか	はい	いいえ
社会的役割について	❿ 友だちの家を訪ねることがありますか	はい	いいえ
	⓫ 家族や友だちの相談にのることがありますか	はい	いいえ
	⓬ 病人を見舞うことができますか	はい	いいえ
	⓭ 親しくお話できる近所の人はいますか	はい	いいえ
	⓮ 若い人に自分から話しかけることがありますか	はい	いいえ

点数が高いほど自立していることを表す。

注：各項目の「はい」が1点、
「いいえ」を0点とし、合計点を算出します。

合計点数　　　　**点**

超えている国が多数出現しています。

高齢になれば、身体機能も社会的な行動範囲も大なり小なり若い時のようにはいかなくなるもの。健康も同じ物差しでは測れない長寿社会が育ち、健康の捉え方が変わってきました。

「生活機能」を保ち、自立して暮らしていれば、健康

1984年、WHOは高齢者の健康について、「生活機能の自立を高齢期の健康の指標とする」と提唱し、それまでの完璧な健康だけを健康と捉える世界の健康概念に大きな変革をもたらしました。

つまり、一病息災。長生きすれば何らかの体の故障が起きてきても不思議ではありません。その体と上手に付き合いながら、介助を受けずに自立して日々を元気に過ごしていれば、健康と認められたのです。ちなみに一病息災には、ちょっとした病気があるほうが健康に注意し、長生きするという意味もあるそうです。

高次の生活機能を保ち、老いに適応しながら、楽しむ

WHOが提唱した高齢者の生活機能とは、日常生活を自立して暮らせる能力全般を指します。食事、排泄、歩行などの基本的な生活動作を支える心身機能のほかにも、買物や金銭管理などの暮らしの管理能力や、社会とともに生きる大人としての高次の生活機能も含めて日常の活動能力が求められます。その測定には右頁の質問票が広く使われています。

そして、これらの能力を長く維持するには、生活習慣の注意だけでなく、下のようなスマート家電などを上手く使いこなして老いに適応し、楽しむ知恵も必要です。

高齢者こそ、スマート家電やスマホ家電で快適に

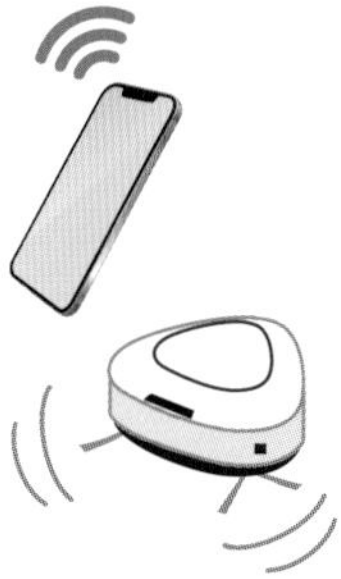

食わず嫌いか、新しいもの好きか。当然、後者のほうが上手に楽しして好奇心が広がる、暮らし上手。「これ楽で便利だよ」と人にもすすめて、仲間づくりもできそう。若者との会話も増えそう。
使ってみるとやっぱり便利な食洗機やロボット掃除機、全自動調理器など。スマホと連動すれば、スイッチの入切がどこからでもできて、消し忘れ、かけ忘れ防止にも安心な照明やエアコン、洗濯機、ドアロックなど。世の中、便利で楽しい物が溢れていますよ！

主観的健康感と幸福感を大切に

医学的検査だけでは「健康」は測れないから

今、健康ですか？　そう聞かれて健康診断の結果を思う人も多いのでは。あれは、さまざまな検査で測る医学的な健康の指標です。もう一つ、健康の測定に用いられる重要な指標が主観的健康感です。P95下段の国民生活基礎調査の〈問2〉がこれに当たり、自分の主観で今の健康状態は「よい」か「まあよい」か「ふつう」か「あまりよくない」か「よくない」かを判断します。

科学偏重で物事を習ってきた世代にとっては、「主観ではあてにならないのではないか」と思うかもしれません。しかし、私たちは健康が数値だけでは測れないことも知っています。身体面だけでなく、精神的にも社会的にも自分なりに健康的な毎日を送れているかどうかが重要です。有病率よりもＱＯＬを重視するようになってきた社会の成長とともに、主観的健康感が大切なことが多くの研究からも明かされています。

老化の自覚や体の不便と健康感は別のもの

普通なら、病気や不調があって医学的な（つまり客観的な）健康度が低下すれば、主観的健康感も低下すると思います。しかし加齢研究が発展するとともに、高齢者の主観的健康感は客観的健康感と並行しては下がらないことが解明されています[42]。

とくに歳を重ねるほど、身体的な機能や自立度、疾病の有無には老化の影響が見られても、主観的健康感にはあまり影響がな

主観的健康感・日常生活機能の加齢変化に伴う変化[43]

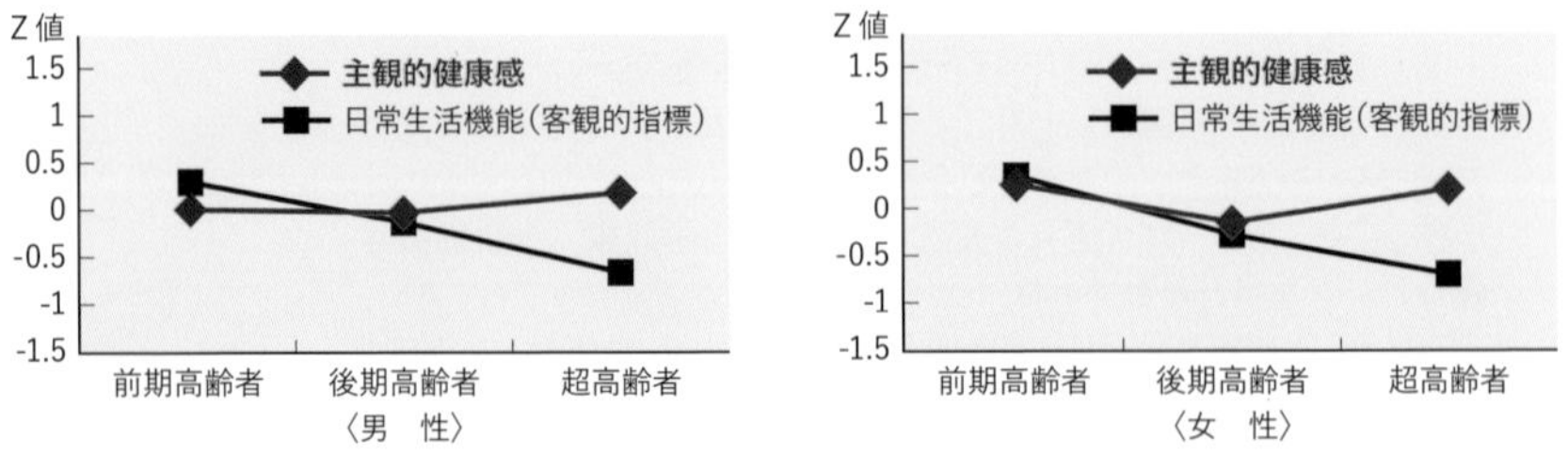

いことも判明（右頁下図参照）しています。日常的な生活機能が低下しても、できないことを嘆く前に加齢を受け入れ、できることを工夫しながら日々を楽しむ生き方が幸せなエイジングに通じ、主観的健康感をキープすると考えられています。

主観的健康感がいい人のほうが長生きできる

さらに歳をとるほど主観的健康感が大事だと痛感するのが、その後の生存率との関係です。主観的健康感が「よくない」と答えた人の3～3年半後の死亡率は、「よい」と答えた人の2倍以上[44]で、主観的健康感が高いほど、疾病の有無にかかわらず生存率が高いことが明らかにされています。

主観的健康感がよい人のほうが日々の暮らしに不満がなく、毎日のことにも気をつけるからかもしれません。とくに、咀嚼能力と健康状態に対する自己評価は強いつながりがあるそうです[45]。

幸せなエイジングには、主観的幸福感も欠かせない要素

もう一つ重要な指標があります。主観的幸福感です。老いに悲しみや辛さを感じるより、自分の今の生活に不満を持たず、老いを受容し、若い時とは違う自分の魅力を育てられるほうが幸せです。人生仕上げに入ってきたら、人とも昔の自分とも比べず、あるがままの身の丈の幸せを喜べる温和な生き方を。ごきげんで生きているほど、QOLも高まります。ただP52～53にもあるように、住まいの寒さはその温和な心を阻害します。心まで冷えて頑なになっていないか、時々、下の測定法で主観的幸福感の自己測定を。主観的幸福感も歳とともに高まることがわかっています[46]。

【主観的幸福感測定】[46] 以下の１～７の当てはまるところに○をつけてください。

		1	2	3	4	5	6	7	
全般的に自分は	非常に不幸な人間								非常に幸福な人間
仲間と比べて自分は	より不幸な人間								より幸福な人間
どんな状況でも、そこの最良を見つけ、人生を楽しむ	まったくない								とてもある
うつ状態ではないが、いつも自分を不幸だと思う	とてもある								まったくない

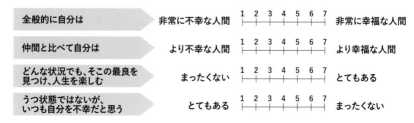

私たちには、生涯伸びる知能が備わっている

人格も知恵も円熟する「結晶性《けっしょうせい》知能《ちのう》」とは

元気で過ごしていても、いつかは「歳には勝てない」という実感が湧いてくるのも仕方がないこと。物忘れが増え、難しい作業や細かい作業が苦手になってきます。

しかし、人間には2種類の知能が備わっており、脳の発達とともに青年期頃までぐんぐん伸びる「流動性《りゅうどうせい》知能《ちのう》」と、その後も経験や学習によって発達を続ける「結晶性知能」があります。

「流動性知能」は運転中にとっさにブレーキを踏む、決まった時間内に精密な作業をできる限り多くこなす、といった注意力や情報処理スピードが必要な能力です。

これに対し、「結晶性知能」は、言葉を使って物事を判断したり、対応を考えたりする能力で、学習や経験知が結晶した結果として育つ能力なので、老年期まで伸び続けていると言われています。

昔は、勝ち負けも、白黒もはっきりつけたがった人が、歳をとってまるくなってくるように、「結晶性《けっしょうせい》知能《ちのう》」が伸び人格的に円熟してくると、どんな事態もやわらかく受け止め、上手く対応する知恵が出てくるのが〝長老の知恵〟。これこそが人生の先輩になってゆく醍醐味ではないでしょうか。

流動性知能と結晶性知能の生涯発達 [47]

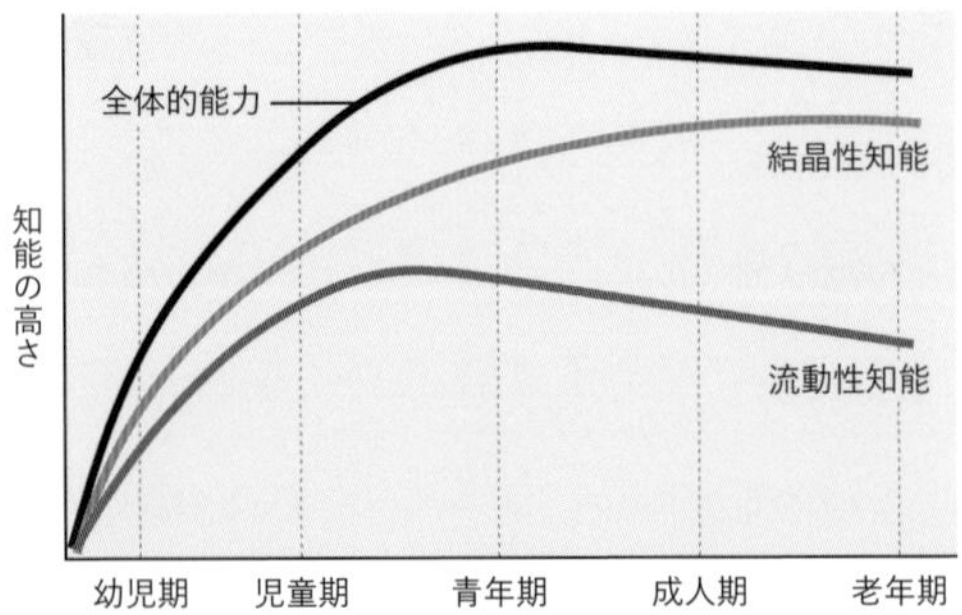
全体的能力
結晶性知能
流動性知能
知能の高さ
幼児期
児童期
青年期
成人期
老年期

歳をとって魅力を増す、人としての「人格」の発達を説いたのがアメリカの心理学者エリック・エリクソンです。人は心理社会的には生涯成長、発達することを下の8つのライフサイクルで示しました。

役割があり、次世代を思う生き方、暮らし方を

大切なのは、経験知を活かしながら「結晶性知能」を伸ばし続けるには、いくつになっても自分の周りのさまざまな出来事や生活のことを自分事として受け止め、対処することです。もう歳だからとすべて人任せにして、楽に生きるとこの知能の発達は止まってしまうかもしれません。

人生最後まで主体的に、幸せに過ごすには、役割があることが大事と言われるのはこのためです。役割には相手を思い、知恵を働かせることが必要だからです。

もちろん高齢になるにつれ、役割も減ります。しかし、できることが少なくなり、昔のように役割を果たせないと考えるのではなく、たとえ身の回りは誰かのお世話になっているとしても、お世話してくれる人に「今日のシャツ、きれいな色ね」「あなたに世話してもらうと痛くないし、気持ちいい」などと、相手の気持ちにハリが生まれるような声掛けをする役割が残っています。

それゆえに、年老いた親は常に家族と触れられる居室にいてもらうこと。見守りやすいだけでなく、老親ならではの目配りや配慮で家族の潤滑油になってくれ、家族の中に優しさが育ちます。

また、成人期（壮年期）と言われる時代に、自分が次世代に伝え残せるものは何か、大きな智恵でも、生活の知恵でも、経験や文化でも、次世代が育つ役に立ちたいという思いが培われてくることが、人として生涯発達する課題であると言われています。

【生涯発達し続ける８段階のライフサイクル】[48)]

人間には以下のような８つの成長段階があり、
心理的課題を乗り越えながら発達し続けます。

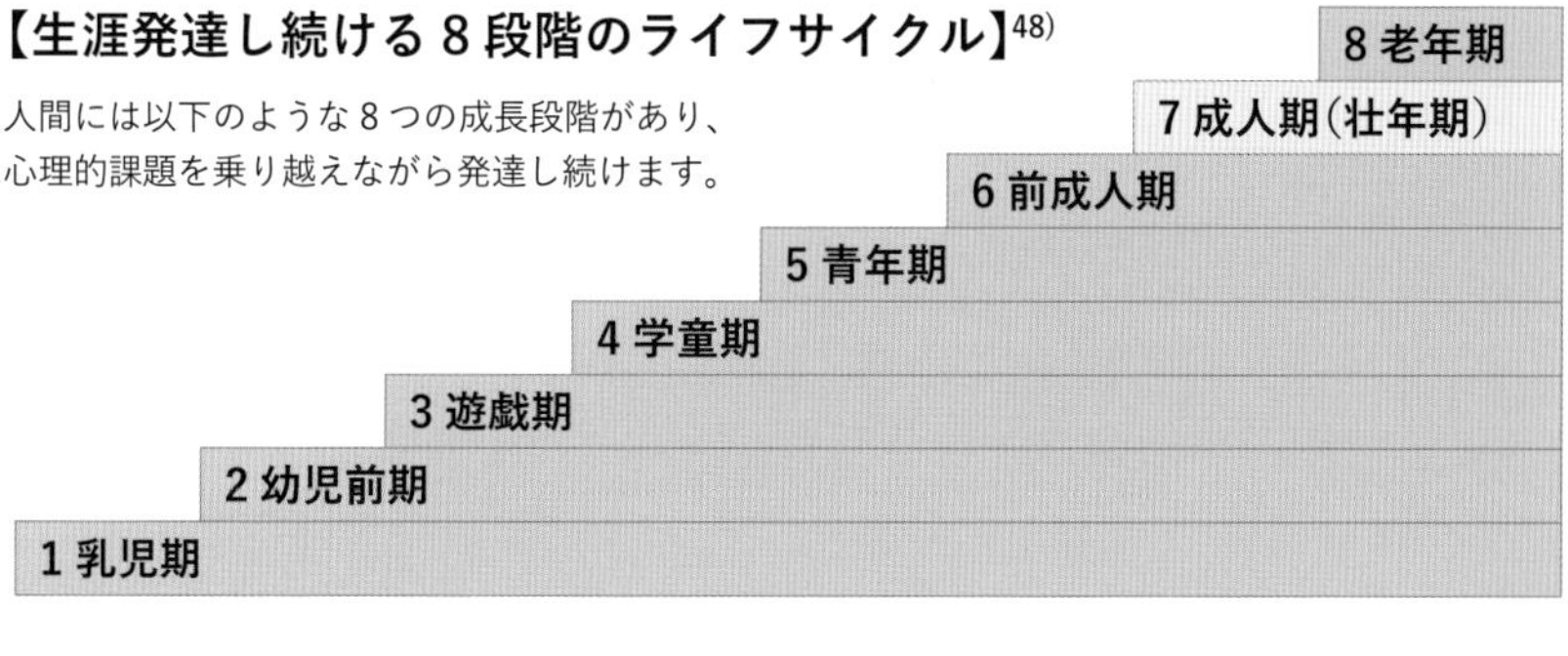
8 老年期
7 成人期（壮年期）
6 前成人期
5 青年期
4 学童期
3 遊戯期
2 幼児前期
1 乳児期

老年的超越で高まる境涯へ

孤独力が生きる力になってくる

前節（P100～101）で、人としての人格は生涯発達するというジェロントロジーの概念をご紹介しました。これは1900年代の後半にエリクソンが提唱した概念ですが、さらにその先に、エリクソン亡き後に夫人が書き加えた発達のステージがあります。80、90、100歳代と歳を重ねると、人は一喜一憂しない〝超越した〟心理を獲得できるというものです。人生、山あり谷あり。それを数々乗り越え、80代後半になると、山も谷も、喜びも悲しみも、生きているからこその楽しみに思えてくるのかもしれません。

　長いこと、幸せの基準が心身の健康と社会的な役割や地位で生きてきた人ほど、老化による身体機能の低下と社会的役割の縮小は精神的にショックで、「歳はとりたくない」という気持ちになり、自己肯定感も低下します。しかし人には、そのショックを乗り越え、心理的に適応してゆく不思議な力も備わっているようです。

　年齢相応の分別や、心理的発達を経て歳を重ねてきた人は、自然と、壮年期には次世代を思う心が育ち、役割を譲り、死別などの別れを経験しながら、孤独を味方にできる精神力が培われます。こんな精神的ステージに至ると、今までとは異なる価値観で幸福感を得ることも解明されています。

　身体機能や容姿の低下を気にせず、他者を重んじる利他性が高まるので、下のような超越的な心で幸せに過ごせるようになるようです。

【幸せでいられる老年的超越の心理】

- 「おかげ」「ありがたい」気持ちが大きい
- 自分の人生を肯定できる
- 他者への思いやりが大きい
- 一人が楽しい
- あるがままでいい

時空を超えたつながり意識の芽生え

後期高齢期を過ぎ、90、100歳の人が持つ、人生を俯瞰した前頁下段のような価値観と幸福感に着目し、超高齢期世代の心理的超越を解明したのがスウェーデンの社会学者トルンスタムの「老年的超越理論」です。

この年齢まで生きてくると、ありのままを受け入れ、何事も流れに任せられる気持ちになれると解き明かしています。その結果、時間や場所、空間へのこだわりも薄らぎ、自分の存在や命は、過去・現在・未来への大きな流れのなかの一部であり、宇宙につながっているような意識が芽生える人もいるようです。

この変化が、すでにここにはいない人とのつながりや、見えないものとのつながりを強め、生と死の区別が弱くなるので、死の恐怖も消えていくという指摘もあります。

人生の危機を多く味わった人ほど、人生を肯定できる人になる

また、超高齢者と言われる歳まで生きてきた人には、その歳にならないと味わえないような、もう一つの究極的な幸せ力が備わってくることもわかってきました。それは、自分の過去とまわりのすべてを肯定できる〝自我統合力〟が備わることです。過去のつらい思い出も、いい経験をしたと肯定でき、人を恨むこともなくなるようです。

しかも、病気や死別、離別など、経験した人生の危機的状況の経験数が多いほど、高い老年的超越の境地を得られ、人生の満足感も高いと示されています。

最後まで不本意な老後に嵌らずに、心身の健康と安全を支える幸齢住宅で、自分の人生を賛美できる、こんな道を歩んでいきたいものです。

老年的超越理論

ラーシュ・トルンスタム（トーンスタムとも表記）が1989年に提唱した概念。物質的・合理的視点から、より宇宙的・超越的な視点に移り、人生への満足感の増加がもたらされるとしています。

「青春」[49]

サムエル・ウルマン　作山宗久（訳）

青春とは臆病さを退ける勇気。

安きにつく気持を振り捨てる冒険心を意味する。

ときには、二十歳の青年よりも六十歳の人に青春がある。

年を重ねただけで人は老いない。

理想を失うとき初めて老いる。

作者は1840年ドイツに生まれ、10代で両親とアメリカに移住。半生を実業家で教育者として過ごし、晩年に数篇の詩を残した幻の詩人と言われた人物です。これはウルマン 78 歳のときのもの。その年齢でこれを書いた心に松下幸之助をはじめ、多くの知識人や財界人が感銘を受けたことで知られています[50]。

― 第4章 ―

幸齢住宅――

「お金」の話

断熱改修後の光熱費削減と暮らしのメリット

ここまでお読みいただいた方には、断熱性能が低い日本の家屋に潜む「生活環境病」のリスクと断熱改修の重要性をご理解いただけたことと思います。しかし、「もうこの歳で家に投資しても、もったいない」、そう思うかもしれません。一方、光熱費が高騰している現在、その費用のコストダウンと健康効果を考慮して見ると…

光熱費ダウン、健康感アップ

光熱費の高騰で家計が圧迫されている家も多いのではないでしょうか。断熱性能が高い省エネ住宅にすれば、当然、冷暖房にかかる光熱費も少なくて済みます。では、実際にはどのくらいの光熱費の削減ができるでしょうか? 気になるところですが、各家庭によって電気やガスなどのエネルギーの使い方も、住まいの断熱性能とその改修内容も異なり、現在のように価格の変動が大きい電気・ガス代に対して価格基準が設定しにくいなど、多くの理由で断熱改修と光熱費の削減を具体的に示した研究は見当たりません。

既存住宅の断熱性能 [51)]

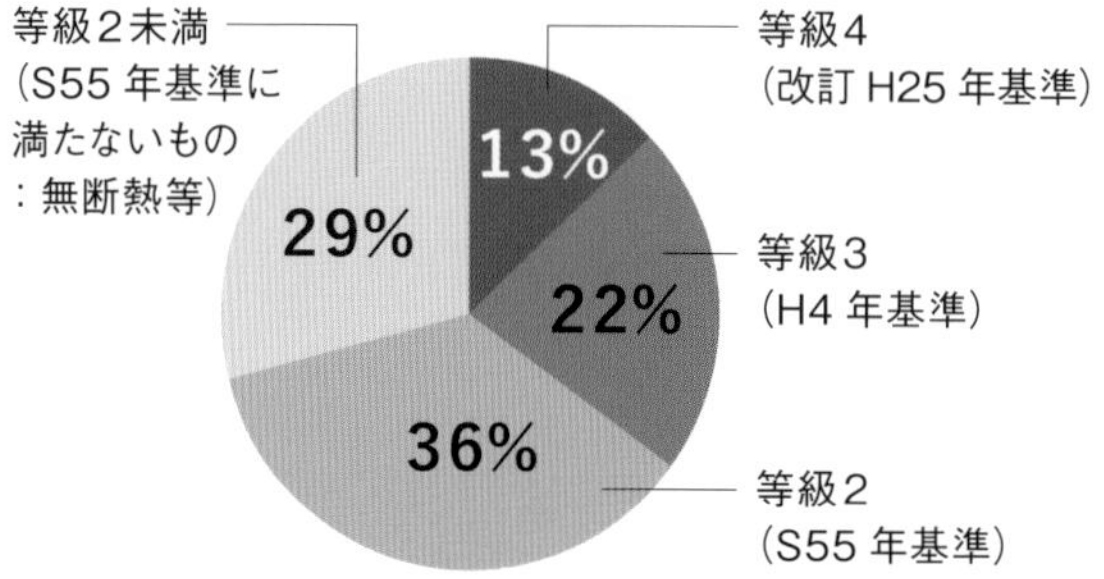

等級4
(改訂 H25 年基準)
13%
等級3
(H4 年基準)
22%
等級2
(S55 年基準)
36%
等級2未満
(S55 年基準に
満たないもの
:無断熱等)
29%

断熱等級とは省エネ法に基づき、時代とともに高められてきた住宅の品質確保に関する基準です。現在国内には約 5,000 万戸の住宅があり、その 65%は断熱等級 2、またはそれ未満。「生活環境病」を防ぐための断熱改修が急務とされています。

【データ①】断熱等級4から5へ改修した場合の光熱費試算[52)]

断熱等級４から最新基準の５に改修をした場合のエネルギー消費量の削減を電力に換算すると、年間で電気の使用料がどう変化するかを試算しました。

断熱等級	エネルギー消費量	電力換算	年間電気使用料
4	19.1GJ	5293.7 kwh	158,810円
5（案）	13.7GJ	3805.6 kwh	114,168円

1年間の削減額　（44,642円）

【データ②】2021年後半以降の光熱費上昇状況[53)]

国内の電気・ガス代について2021年５月を消費者物価指数100とすると、コロナ禍のエネルギー消費の変動やウクライナ情勢により、その後は上昇の一途。光熱費の検討は2021年の試算では現状を反映できないことがわかります。

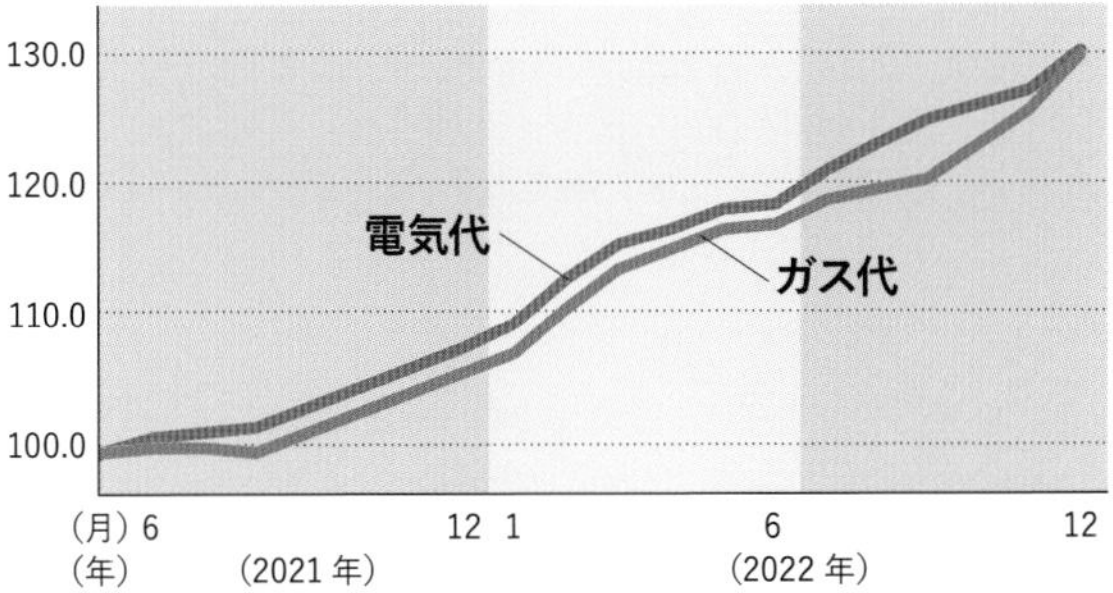

そこで参考になるのが【データ①】の数字です。断熱等級4の家を5になるように改修した場合で示されたエネルギー消費量の差を電気使用量に換算し、試算をしてみると表のようになります。しかしこれは2021年度の数字からの試算で、【データ②】のように、光熱費の価格は2022年以降ますますうなぎ上りです。削減額がさらに大きくなることも考えられます。

また右頁上段に載せた円グラフを見ると、国内の家屋の8割以上は断熱等級4より低い断熱性能です。【データ①】は断熱性能4から5への改修ですが、たとえば断熱性能2の家がしっかり断熱改修を行えば、エネルギー消費の削減量はかなり大きくなるはず。光熱費のコストダウンも大きいと予測されます。

もちろん、本書第2、3章で触れたように、住まいの見直しはお金の損得だけでは測れない人生の仕上げの健康感や幸福感にかかわるもの。人生からは引退できません。最後まで自分の人生の健康と幸福感のレベルを上げる生き方を。その大きな選択の一つが幸齢住宅への見直しです。

幸齢住宅――実現に役立つ資金サポート

住まいという有形資産をより良くリフォームすることは、
住まう本人と家族の健康や家族の絆と、
地域との繋がりをレベルアップすること。
そして、断熱効率の良い住まいにすることは、
カーボンニュートラルを目指すSDGsへの貢献になります。
築年数が長く、断熱性能の低い住まいで
「生活環境病」につかまり、不本意な老後に陥る前に、
お金のサポート制度を上手く活用してリフォームを。

資金サポートの種類は
大きく分けて2つ

1
行政が行う制度を利用

2
住まい自体の価値を利用

上の2種類を上手く組み合わせて

お手元の資金だけでは資金が少額となり、希望するリフォームができないことがあります。自分の人生を最後まで幸せに築くためには、資金サポートの検討が欠かせません。

方法は大きく2つ。行政のリフォーム支援制度を利用する方法、いわば行政に働いてもらう方法と、住まい自身の価値を利用

［住宅省エネ 2023 キャンペーン］

住宅省エネ
2023キャンペーン

国土交通省・経済産業省・環境省の３省が合同で、
３つの支援事業をまとめて実施しています。

こどもエコすまい支援事業

子育て中または若者の夫婦世帯が所有、または購入予定の住まいの省エネ断熱改修等が対象の原則ですが、その他の世帯でも可能なことが。リフォームは最大１戸 30 万円まで。

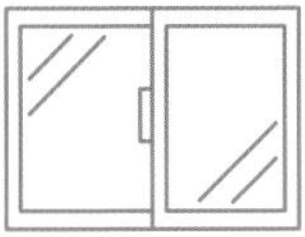

先進的窓リノベ事業

先進的な高断熱性能の窓への交換リフォームに。１戸当たり、５ 万円から最大 200 万円まで。

給湯省エネ事業

「エネファーム」や「エコキュート」など、高効率給湯器に応じて定額を補助。

３つの補助金をまとめて利用することも可能です。
申請は専門の登録事業者から。支援の予算に達すれば〆切りとなります。

参考：住宅省エネ2023キャンペーン【公式】（mlit.go.jp）

する方法、いわば住まい自身に働いてもらう方法があります。行政の支援制度はリフォーム費用の一部が給付・補助・助成されます。活用できるものがあれば必ず利用しましょう。住まい自身の価値を利用する方法としては、大きくはローンを組む方法と、一部売却する方法などがあります。幸福な80代にむけて、自分が考える生涯のライフプランに沿った制度かどうか検討しましょう。

1．行政の給付・補助・助成金

令和4年（2022年）度に省エネ法の改正があり、省エネ断熱基準が引き上げられたことを受け、現在国内にある住宅の断熱改修は急務の課題になっています。そこで、令和5年（2023年）度は上のような3つの省が合同で支援する大掛かりなキャンペーンが実施されています。

　ほかにも、次頁でご紹介しているようなぜひ活用したい支援事業があります。

＜リフォーム資金サポート＞[54]　※前頁以外の資金支援情報

国の補助制度	住宅エコリフォーム推進事業（国交省）	住宅をZEHレベルの省エネ性能へ改修する取組を支援。
	長期優良住宅化リフォーム推進事業（国交省）	既存住宅の長寿命化や省エネ化等に資するリフォーム等を支援。
	住宅 建築物安全ストック形成事業（国交省）	多くの地方自治体が耐震診断・耐震改修の補助を実施しています。居住の市区町村へ、問い合わせを。
	次世代省エネ建材の実証支援事業（経産省）	工期短縮可能な高性能断熱材や次世代省エネ建材の効果実証事業。
	既存住宅における断熱リフォーム支援事業（環境省）	高性能建材（断熱材、ガラス、窓、玄関ドア）による住宅の断熱リフォーム。
地方公共団体の補助制度	住宅リフォーム支援制度検索サイト（住宅リフォーム推進協議会ホームページ）	地方公共団体が実施する住宅リフォーム支援制度を検索できます。
税制優遇	リフォーム税制の概要	住宅のリフォームに利用可能な税制特例をまとめています。

ただ、行政の支援を活用するには留意したい点があります。それは、リフォーム業者のような専門家でないと制度の詳細や申請方法、該当基準などがわかりにくいことです。

行政の支援事業は年度毎に変更があり、申請は所有者ご本人ではなく、補助金・助成金事業等の登録業者に限られている場合もあり、申請が多ければ、支援予定金額が満了した時点で終了してしまいます。良い支援事業を見つけ、活用したいと思った時には受付が終了していることもあります。また複数の補助金・助成金等の事業を併用できるものもあれば、そうでないものもあります。リフォームの支援制度に詳しい専門業者への年度早めの相談が有効です。

（上に表記している事業名でネット検索する、あるいは市区町村役場におけるリフォーム補助金・助成金相談窓口や、補助金・助成金の登録業者に相談しましょう。）

リバースモーゲージ

住まいを担保に融資を受ける、リ・バース 60 と類似のしくみですが、不動産市場の変動による担保割れへの補償がなく、担保割れ時点で売却しても債務が残り、住めなくなるリスクも。

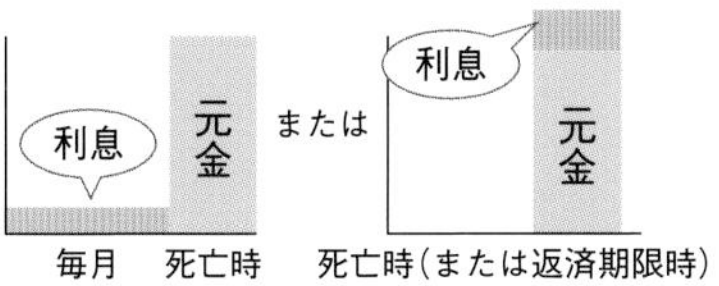

利息
元金
または
利息
元金
毎月
死亡時
死亡時（または返済期限時）

ホームエクイティローン

住宅ローンが残っていても、払い終わっている部分だけを担保に融資を受けますが、毎月元本と利息の支払いが発生し、住宅ローンの支払いと二重に。

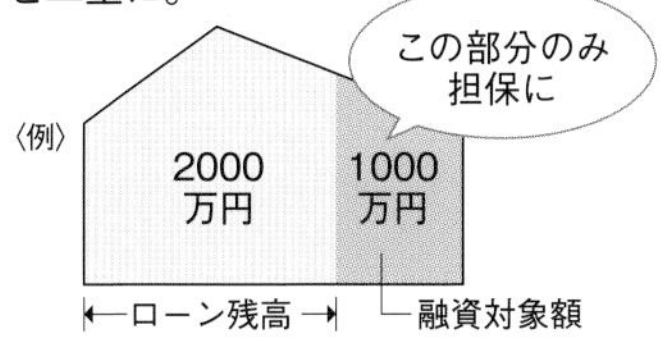

この部分のみ担保に
〈例〉
2000万円
1000万円
ローン残高
融資対象額

リ・バース 60

満 60 歳以上を対象に、ゆとりある高齢期の人生のために、住宅金融支援機構が支援、住み替えや建て替え、リフォーム資金として提携金融機関が提供する住宅ローンです。毎月の支払いは利息のみ、債務者の死亡時に相続人が一括返済するか、担保物件の売却で返却。

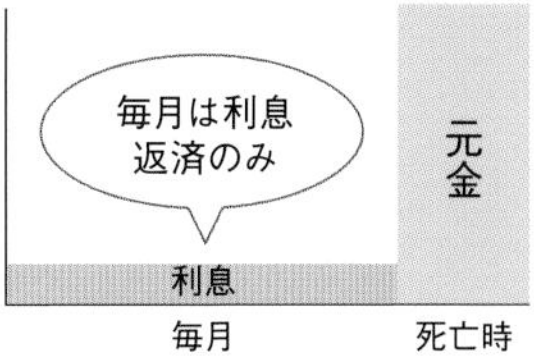

毎月は利息返済のみ
元金
利息
毎月
死亡時

※不動産市場が下落し、住まいの価値が担保割れとなっても、死亡時に相続人が残った債務を返済する必要がない「ノンリコース型」があるのが特徴です。

※60 歳以上に融資される掛目の目安は 50%。リフォーム資金としてそれが 30%に縮小されますが、50 歳代でも利用可。

2. 自宅という資産を活用

次は住まい自身の価値を利用する方法についてです。これらを利用することで、リフォーム資金を増やし、より一層、生活環境病を防ぐ機能を高めることも可能です。

まずチェックいただきたいのは、住宅金融支援機構のリ・バース60とグリーンリフォームローンです。まず、リ・バース60は60歳以上の方が対象で、住まいを担保にリフォーム資金などの融資を受ける制度です。ローンの元金は死亡時に相続人がその家を売却するか、金融資産から返却するしくみです。毎月の支払いは利息分のみなので、生活費を圧迫しません。また、またグリーンリフォームローンは、断熱性を高めるリフォームの資金などへの融資です。最大500万円までで、無担保、無保証や、高齢者向け返済特例など様々なメリットがあります。

ほかに、住まいを担保に融資を受ける制度にホームエクイティローンとリバース

グリーンリフォームローン

住宅金融支援機構が省エネリフォームを資金面から支援するローンです。

- 断熱性向上、省エネ設備導入リフォーム資金への融資
- 融資手数料無し、保証人不要
- 高齢者向け返済特例(ノンリコース型(P113※参照)あり
- ノンリコース型以外は担保不要

ZEH 水準を満たすリフォームの場合は借入金利が下がる【グリーンリフォームローン S】が利用可能です。工事内容については、着工前と、完了後に、適合証明検査機関が確認します。

リースバック

L

自宅を売却し、同時に購入業者と賃貸契約を結び、毎月家賃を払って住み続けます。原則、契約手数料や礼敷金、更新料なしで、修繕費や固定資産税などの負担もなくなりますが、賃料や賃貸期間の契約内容に注意を。引っ越ししなくてよいので、近所にも知られずにまとまったお金が用意できます。

一部売却

S

敷地の一部を売却し、リフォーム資金に当てます。公道に面して売りやすい土地で、残った住まい部分も公道から繋がっていること。土地売却の所得税や売却する分の登記上の分筆が必要です。

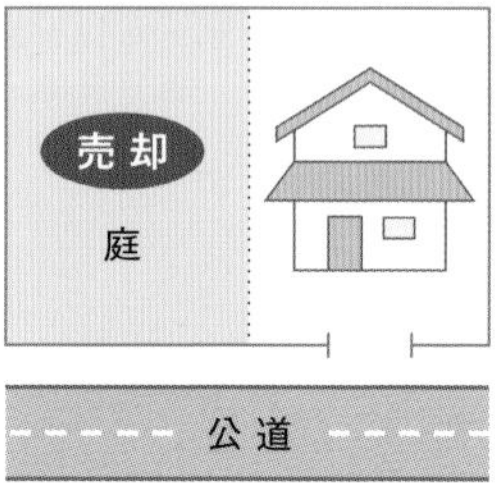

モーゲージがあります。

ホームエクイティローンは、住まいの資産価値と住宅ローン残高との差分に融資を受ける制度ですが、月ごとに元本＋利息の返済が発生します。これに対して、元本は死亡時一括返済が前提で、月ごとの支払いは利息分のみなのがリバースモーゲージです。

途中で不動産価格の下落があったらどうなるのかなど、きちんと調べ、確認してから利用しましょう。

融資を利用しない方法もある

一つがリースバックという方法です。これは、自分の住まいをいったん業者などに売却し、売却資金を得たうえで、その住まいを賃借して住み続けるしくみです。ローンではなく、不動産売却ですので、元本や利息の支払い負担はありません。

リバースモーゲージなどよりも利用範囲が広いという特徴がありますが、譲渡所得

<住まいの人生100年>を応援する資金サポートのまとめ

選択肢	ホームエクイティローン	リ・バース60	リバースモーゲージ	リースバック	一部売却
メリット	必要に応じ借入返済可	融資条件が比較的統一	必要に応じて借入返済可	自由度高い	売却後の債務や支払いがない。固定資産税も減る
デメリット	担保割れ回収リスク	資金使途が住宅関連限定	担保割れ回収リスク	賃貸料、立ち退きリスク	敷地が狭くなる
キャッシュ化	ローン残高が少なければ活用余地大	評価額と担保掛目による	評価額と担保掛目による	売却価格(住むための賃料発生)	一部売却価格
利用可能範囲	広	中	狭(都心等に限定)	買い手があれば利用可	買い手があれば利用可
相続時対応	返済または売却	返済または売却※	返済または売却	不要	不要

※担保物件の売却資金で返済した後に残った債務を返済する必要がないノンリコース型がある

税等が発生し、その後の賃料、期間など賃借契約の内容や、相場と比較した売却金額の妥当性、そして、利用後のリフォームの可否についてチェックが必要です。例えば賃貸借契約が2年の定期借家契約であったならば、2年で契約が終了してしまい、退去しなければならなくなりますので、注意してください。

もう一つの方法が、敷地の一部を売却してリフォーム資金に充てるものです。庭や駐車場などを分筆、売却して、住まいのリフォーム資金とします。流通価値のある一定の面積を分筆できることが前提です。売却した分の譲渡所得税などが課税されます。また、一部売却によって敷地の条件が変わり、容積率や建ぺい率や接道義務などで、既存不適格建築物にならないか、チェックが必要です。

売却所得で今の住まいの機能を高め、老後の健康度も幸せ度も高める、自分のための選択です。

幸せな老後を“生活環境病” に阻まれる前に、リフォームの検討を！

現在、国内にある多くの住まいが古い省エネ基準で建てられており、
幸せな 80 代、90 代を過ごすには、
まだ自立して元気なうちに、リフォームする必要があることが、
国土交通省の調査で示されました。

古くて寒い住まいが、住む人の若さも健康も阻むことが解明され、
「生活環境病」という名で呼ばれ始めたのです。

住まいは、歳を重ねるごとに、人生の中で過ごす時間が長くなる場所であり、
これからの自分自身と家族の健康と幸せを支える大切な資産です。

知らぬ間に「生活環境病」の罠に嵌り、
気がつけば要介護状態で、もう家では暮らせない。
そんな不本意な老後に陥ってから後悔しても、後の祭り。
様々な資金サポートをしっかり活用し、まず、住まいの“健康長寿”を。
資産価値の高いその住まいが、住む人の“健康長寿”を守ります。

第5章

幸齢住宅リフォーム実践モデル

リフォームの前に知っておきたい断熱性能の基礎知識

最後まで、自分の家で元気に、幸せに、生き、後悔のない人生を送ることができる家。そんな幸齢住宅へのリフォームに欠かせない2つの断熱性能基準を覚えておきましょう。

改正建築物省エネ法による断熱等級

我が国はすべての住宅・非住宅において、省エネ基準適合が義務付けられています。現行は、令和4年6月に公布された改正法で、「断熱等級4」の適合が義務付けられ、2025年以降はこれ以下の断熱性能の建物は建てられなくなります。（左頁・表1）

背景には、世界共通の課題である温室効果ガス排出ゼロを目指す脱炭素社会の達成があります。そのため、この法改正に続いて、さらに推奨される断熱等級5～7までの新等級も示され、ZEH《ゼッチ》＝ネット・ゼロ・エネルギー・ハウス基準（P73参照）に相当する断熱等級5の適合住宅を増やすことが強く推進されています。住む人にとって、ZEHレベルの家になれば、光熱費負担が大きく低減され、暮らしを楽しむことができます。

法律は新築住宅が対象ですが、省エネでCO_2の排出量を減らし、脱炭素社会を実現するには既存住宅の断熱改修も急務として、国は支援事業を設けて推進しています。

地域別気候を考慮した地域区分

日本では同じ季節でも北から南まで、外気温に大きな差があり、同じ断熱等級4や5の家にするには、地域によって、どんな断熱素材をどう使用すればよいのか異なります。そこで左頁のような8つの地域区分に対して、達成すべきUA値（左頁参照）基準が示されています。

【表 1】断熱等級

等級7	R4.10.1新設	暖冷房にかかる一次エネルギー消費量※注1）を約40%削減可能なレベル。
等級6	R4.10.1新設	暖冷房にかかる一次エネルギー消費量※注1）を約30%削減可能なレベル。
等級5	R4.4.1新設	ZEH基準相当の断熱性能。断熱材や窓ガラスなどにも、より高い機能が求められる
等級4	H11年制定（改訂H25年）	「次世代省エネ基準」と言われた等級。従来は、適合義務は非住宅だけが対象であったが、令和4年6月の改正法により現在はすべての建物に義務付けられ、開口部（窓やドア）などにも断熱が必要。窓も複層ガラスなどに。
等級3	H4年制定	木造住宅の場合は、壁や天井などにある一定レベル以上の断熱材の使用が必要。
等級2	S55年制定	「旧省エネ基準」と言われ、最低限の断熱性能が屋根や天井に求められた。

※注1）住宅で使用されているすべてのエネルギー量（電気、ガス、灯油等すべてを含む）を熱量換算した数値。
太陽光発電やエコキュートなどの創エネルギー分は差し引く。

【図1】地域区分

地域区分	主な該当都道府県 注：市町村ごとに地域区分を定める
1	北海道
2	
3	青森県、岩手県、秋田県
4	宮城県、山形県、福島県、栃木県、新潟県、長野県
5	茨城県、群馬県、埼玉県、千葉県、東京都、神奈川県、富山県、石川県、福井県、山梨県、岐阜県、静岡県 愛知県、三重県、滋賀県、京都府、大阪府、兵庫県
6	奈良県、和歌山県、鳥取県、島根県、岡山県、広島県 山口県、徳島県、香川県、愛媛県、高知県、福岡県 佐賀県、長崎県、熊本県、大分県
7	宮崎県、鹿児島県
8	沖縄県

1・2 地域
北海道の大部分
3 地域
東北の一部など
4〜7 地域
主に関東以西の
比較的温暖地
8 地域
沖縄

〈UA値とは〉

「外皮平均熱貫流率」と呼ばれ、住宅内部から床、壁、屋根、窓などから外へ逃げていく熱量を平均化した数値。断熱性能が低い家ほどUA値は大きく、地域区分で寒い地域ほど、厳しい基準（低いUA値）。基準に従わないと、温暖地域と同じ断熱等級の家にはなりません。

子どもたちは独立。夫婦2人の幸齢住宅に改修

子どもたちは独立して、夫婦2人暮らし。もうすぐやってくるセカンドライフに、いつも一緒に家にいても気持ちよく過ごせるように、断熱改修。

断熱等級
2
地域区分 5

Before

宮城県仙台市
夫婦とも60歳
木造一戸建5DK+S、築25年前後

2F
1F
N
1Fだけで
開放的に暮らす発想で。

コロナ禍のテレワーク経験から、夫婦で家にいる時間を気持ちよくするために、少し先の暮らしについて考え始めたご夫妻。それぞれ家族を持つ2人の子どもたちは、この先も同居の予定はありません。そこで、夫の定年に向かい少しずつ生活を縮小しながら、でもゆったりと心地よく家での暮らしをたのしめるように、思い切って寝室を移動し、基本的な生活エリアを1階に限定。1階全体を断熱リフォームしました。

大事にしたのはコンパクトで動きやすく、でも、ゆったり過ごせる住みやすさ。LDKを一体化させ、開放的な空間に。ご主人が家で仕事をする時はダイニングテーブルを使い、オンライン会議など守秘性の高い仕事をする時だけ2階の旧書斎をワークスペースとして利用。2階はそのままで子どもたちの帰省時に利用でき、普段使わないものの収納スペースとして確保しています。

動きやすくて空間を感じるＬＤＫが気持ちいい。
生活エリア全体が暖かいので、心ものどかに。

After

**1F 部分
断熱等級
5（相当に）**
※

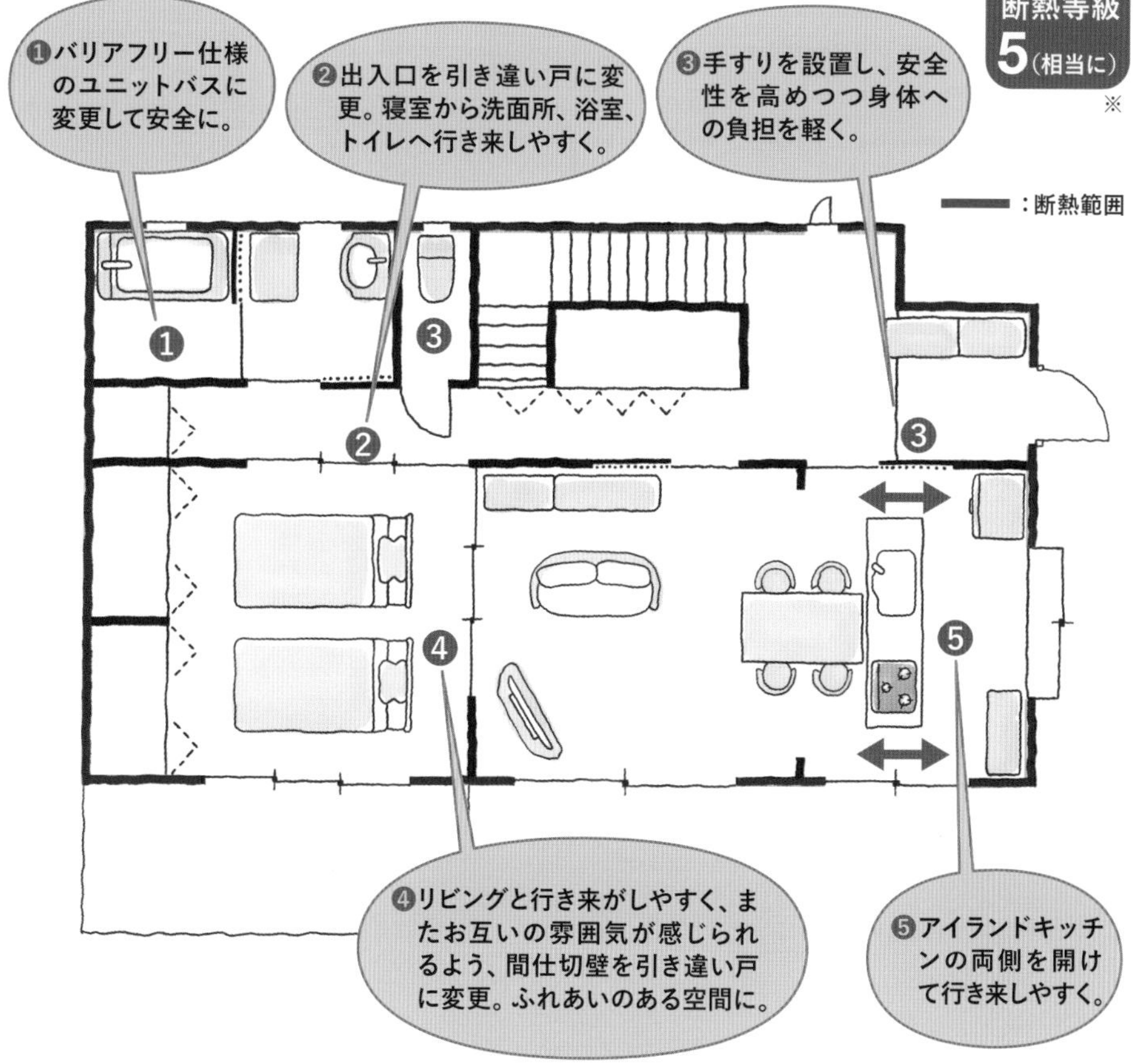

❶バリアフリー仕様のユニットバスに変更して安全に。
❷出入口を引き違い戸に変更。寝室から洗面所、浴室、トイレへ行き来しやすく。
❸手すりを設置し、安全性を高めつつ身体への負担を軽く。
：断熱範囲
1
2
3
3
4
5
❹リビングと行き来がしやすく、またお互いの雰囲気が感じられるよう、間仕切壁を引き違い戸に変更。ふれあいのある空間に。
❺アイランドキッチンの両側を開けて行き来しやすく。

2次リフォーム

どちらかが要介護になったら階段下を活用して1Fのトイレを拡張し、介助スペースを確保。

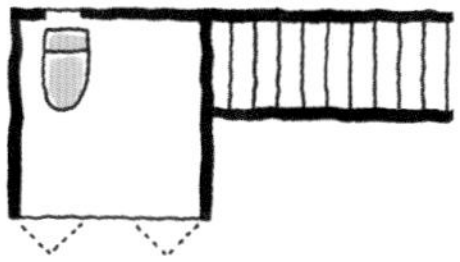

断熱工事範囲：1階部分

- 床下、1階天井裏、1階外壁（赤線部分）を断熱補強
- 1階の窓ガラスを複層ガラス（防犯性能付加）に交換
- 夏場の暑さ対策に、南側窓先にシェードを設置
- 熱交換換気システムを設置
（換気扇や窓の開放などによる換気は、冬は室内の暖気が出て行き、その分冷たい外気が入って空気交換が行われ、換気の度に暖房効率が低下します。これを出て行く空気の熱を使って、入ってくる空気を暖めて取り入れるシステム機器のこと）
- 浴室暖房乾燥機を設置

※断熱性能等級は建物全体に対する基準のため、モデル1の家全体では基準を満たしていません。

住み慣れた地域で、これからは一人暮らしを楽しむ家に

戸建ての一人暮らしは不安がつきもの。それでも近所に友人が多い住み慣れた家での暮らしを望み、ウッドデッキを広げて近所と交流の場に。要介護になっても暮らせるように、断捨離と同時に体に楽な家に。

Before

大阪府枚方市
75歳
木造一戸建3DK、築30年

断熱等級
2
地域区分 6

2F

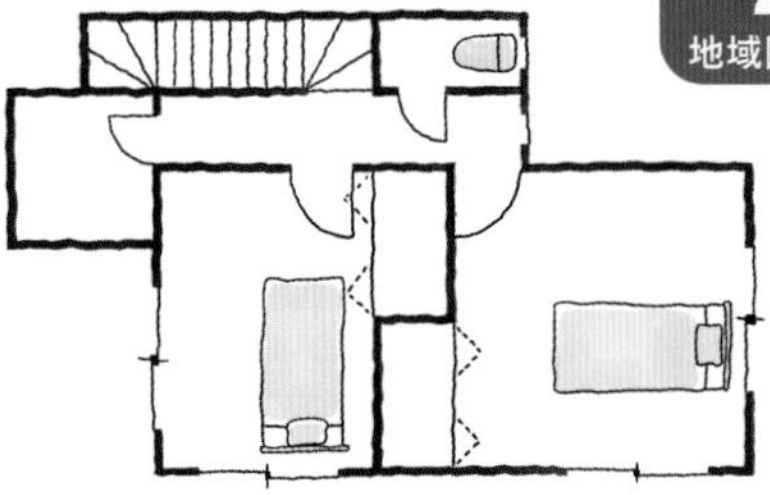

1F

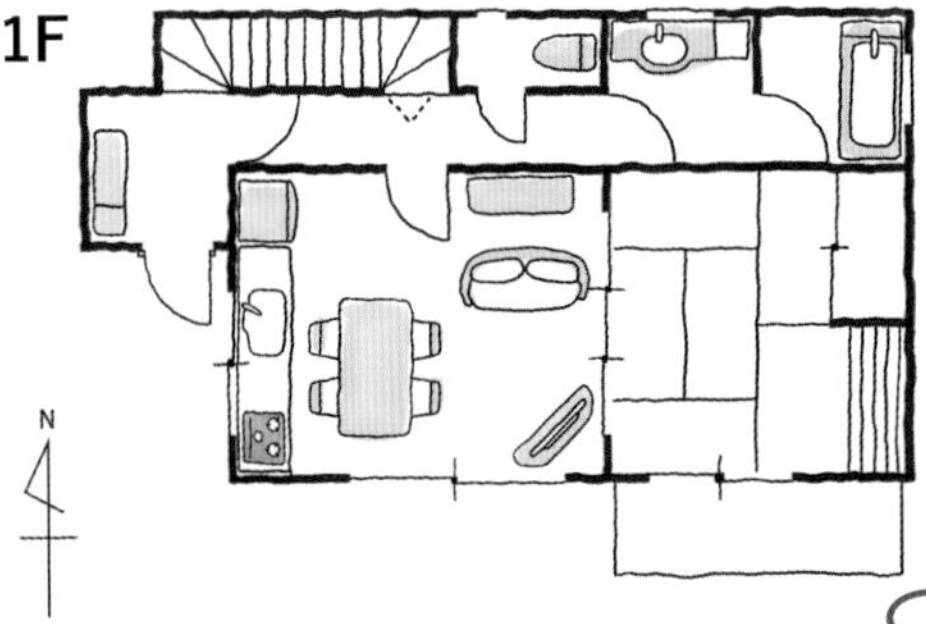

1Fをモダンなワンルーム風に！

ご主人に先立たれ、一人暮らしが始まった75歳になる奥様は、大きな病気はしたことがなく足腰も元気ですが、年齢的なこともあり今後のライフスタイルを考え始めました。他の選択肢もありましたが、いつも親身になってくれる近所の友人たちや住み慣れた家から離れたくないと、今後も安心して暮らせる自宅の断熱改修を決断。

生活エリアを1階に集約し、必要のない壁を撤去して、車イス利用になっても移動しやすい大きなワンルームにリフォーム。居室からは新たに設置したウッドデッキや広縁に直接出ることができ、ご近所さんも集える空間に。断熱改修工事を施した部屋は、広くてもぽかぽかと暖かく、思い切った断捨離のおかげで気持ちも切り替わり、必要最低限のお気に入りのモノに囲まれた新生活がスタートしました。

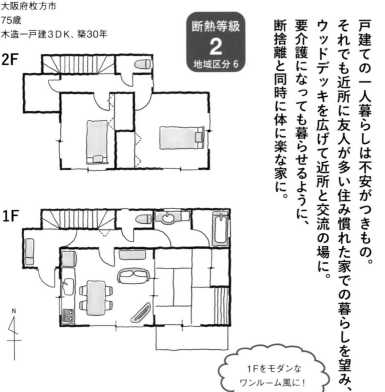

無駄はないけど、心も体も暖かくいられる。
モダンなお一人様仕様で、気持ちも若返り！

After

1F 部分
断熱等級
5（相当に）
※

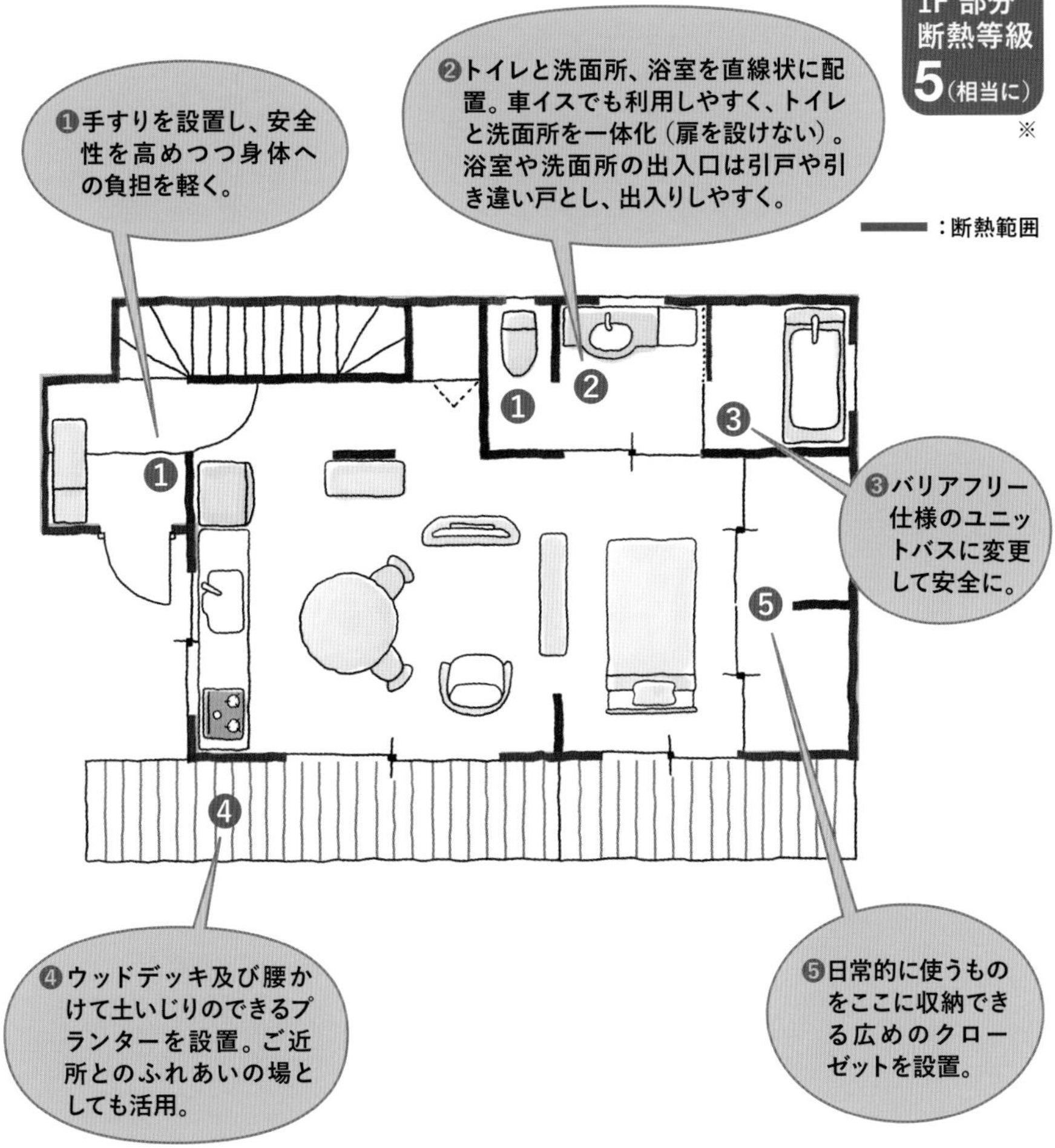

❶手すりを設置し、安全性を高めつつ身体への負担を軽く。
❷トイレと洗面所、浴室を直線状に配置。車イスでも利用しやすく、トイレと洗面所を一体化（扉を設けない）。浴室や洗面所の出入口は引戸や引き違い戸とし、出入りしやすく。
：断熱範囲
❸バリアフリー仕様のユニットバスに変更して安全に。
❹ウッドデッキ及び腰かけて土いじりのできるプランターを設置。ご近所とのふれあいの場としても活用。
❺日常的に使うものをここに収納できる広めのクローゼットを設置。

2 次リフォーム

要介護状態になったら、必要な所に手すりを設置。さらに家具等の配置の変更や撤去により、介助スペースを確保し、車イスの利用を容易に

断熱工事範囲：1 階部分

●床下、1階天井裏、1階外壁（赤線部分）を断熱補強
●1階の窓ガラスを複層ガラス（防犯性能付加）に交換
●夏場の暑さ対策に南側窓先にシェードを設置
●熱交換換気システムを設置
●浴室暖房乾燥システムを設置

※断熱性能等級は建物全体に対する基準のため、モデル2の家全体では基準を満たしていません。

老親を呼び寄せても、負担感のない暮らしの家に

親が安心・安全に暮らせるよう家全体を断熱リフォーム。つながりながら負担感を持たず、いい距離感で暮らせる幸齢住宅の2世帯暮らしとは…

Before

東京都杉並区
夫55歳、妻50歳、妻の母75歳
木造一戸建3ＬＤＫ+S、築20年

断熱等級
3
地域区分 6

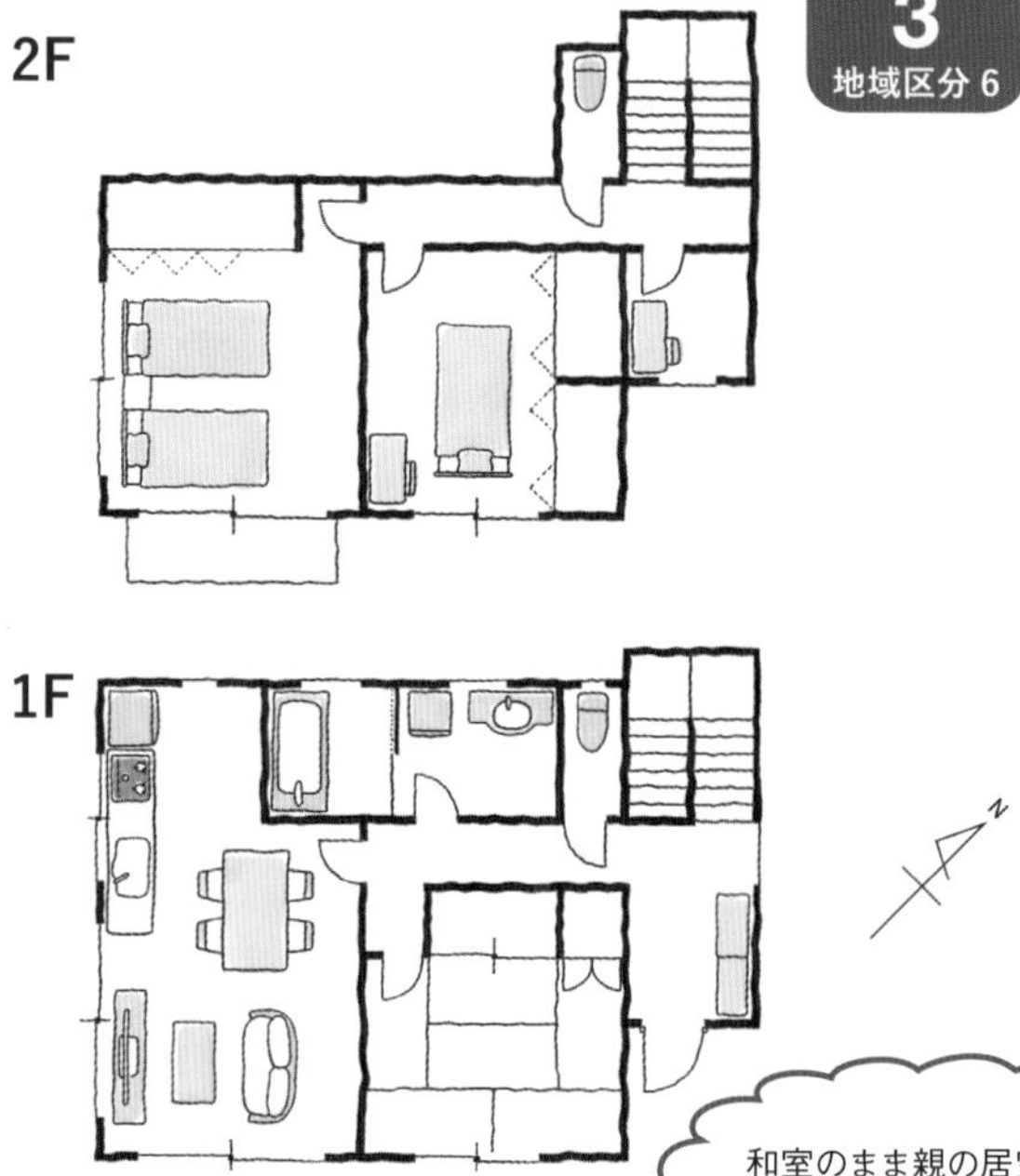

和室のまま親の居室にせず、リフォームしたのがポイントに！

東京で長男と3人暮らしだったご夫妻。長男が就職・独立してから夫婦2人の生活でしたが、長野で一人暮らしだった奥様のお母さんが怪我をし、それをきっかけに東京に呼び寄せて同居することに。バリアフリーで体に優しい家に断熱改修のリフォームを行いました。

1階の和室は親の寝室に変え、洗面所やトイレへのアプローチも改善し、寝室からは直接外に出られる動線に。また、隣合わせのキッチンやリビングの様子もいつも間接的に感じられる広い開口部を設け、夫婦の日常生活の動線と親の居室が自然と絡むように配慮しました。これならプライバシーを保ちつつお互いの様子がわかり安心です。2階は夫婦の寝室に加え、子ども部屋を2人の憩いの場となるサブリビング・ダイニングに改修したこともポイントです。

After

田舎の家より暖かくて気持ちいいと喜ぶお母さん。
2階のミニキッチンが便利で暮らしに無理がない家に！

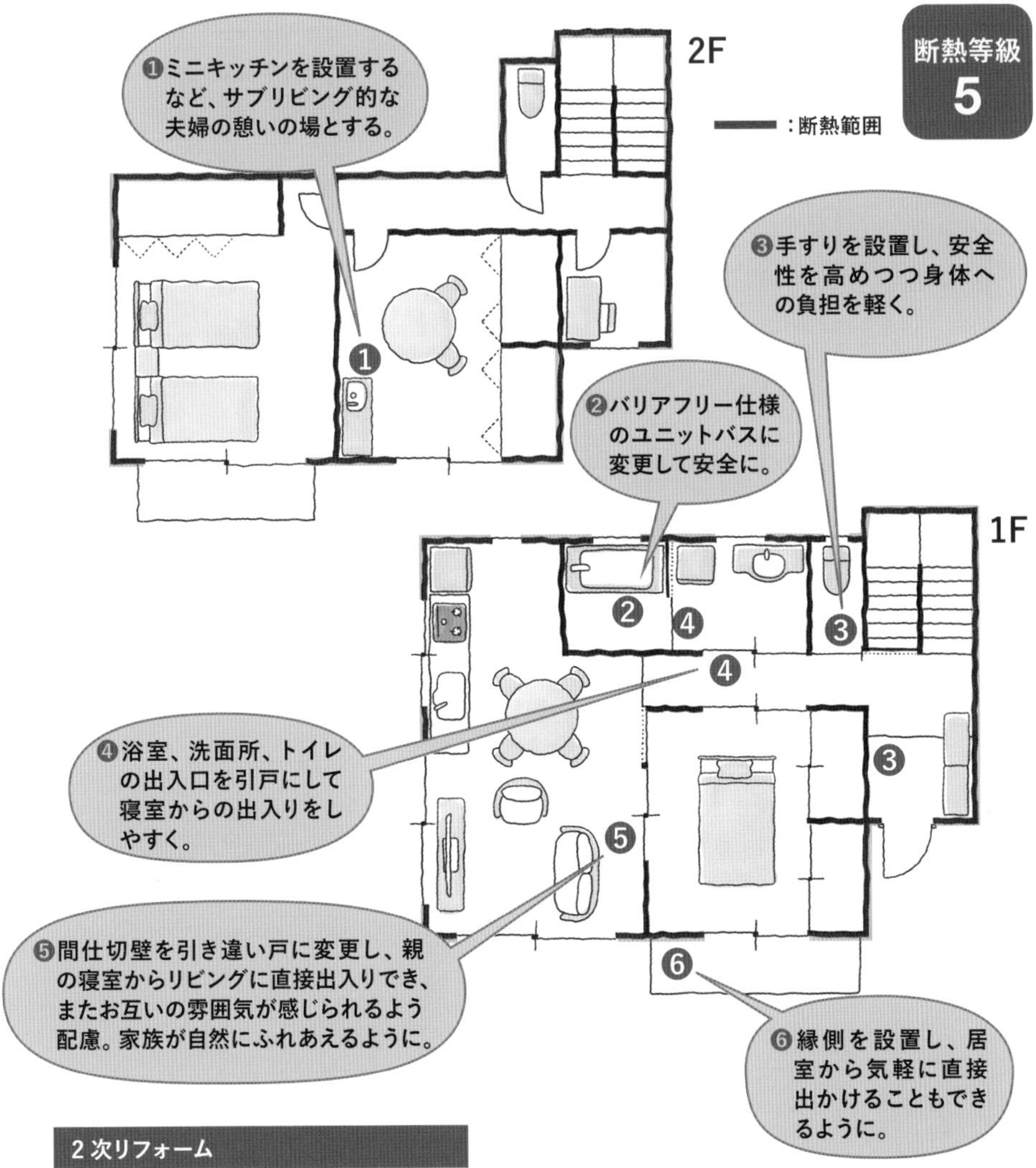

断熱等級
5
：断熱範囲
2F
1F
❶ミニキッチンを設置するなど、サブリビング的な夫婦の憩いの場とする。
❷バリアフリー仕様のユニットバスに変更して安全に。
❸手すりを設置し、安全性を高めつつ身体への負担を軽く。
❹浴室、洗面所、トイレの出入口を引戸にして寝室からの出入りをしやすく。
❺間仕切壁を引き違い戸に変更し、親の寝室からリビングに直接出入りでき、またお互いの雰囲気が感じられるよう配慮。家族が自然にふれあえるように。
❻縁側を設置し、居室から気軽に直接出かけることもできるように。

2次リフォーム

母親が要介護となった場合：1階のトイレと浴室の間に引戸を設置、2方向アプローチ、介助スペースを確保

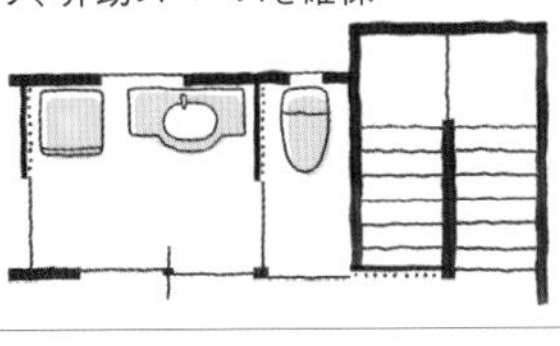

断熱工事範囲：建物全体

- 床下、屋根裏、外壁（赤線部分）を断熱補強
- 窓ガラスを複層ガラス（防犯性能付加）に交換
- 夏場の暑さ対策に南東側、北西側窓先にシェードを設置
- 熱交換換気システムを設置
- 浴室暖房乾燥システムを設置

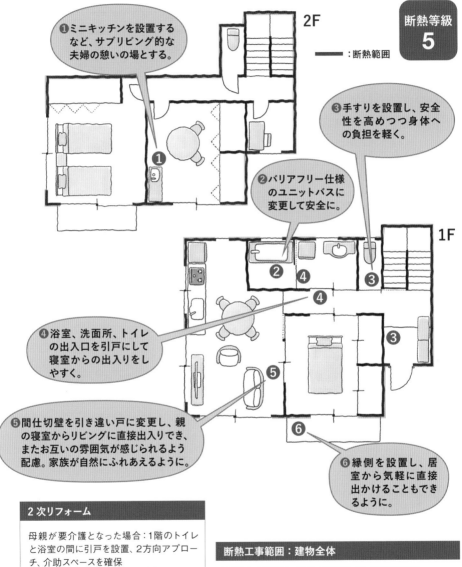

モデル
4

老後は程よい距離で夫婦がゆったり暮らすために

「健康のためには室温を確保することが大切」と知ったご夫妻。定年後、長い時間を夫婦2人で過ごしても、自由でいられる解放感のある快適リフォームに断熱改修。

マンションのリフォーム❶

Before

滋賀県大津市
夫63歳、妻58歳
マンション3LDK、10階建ての8階、築20年

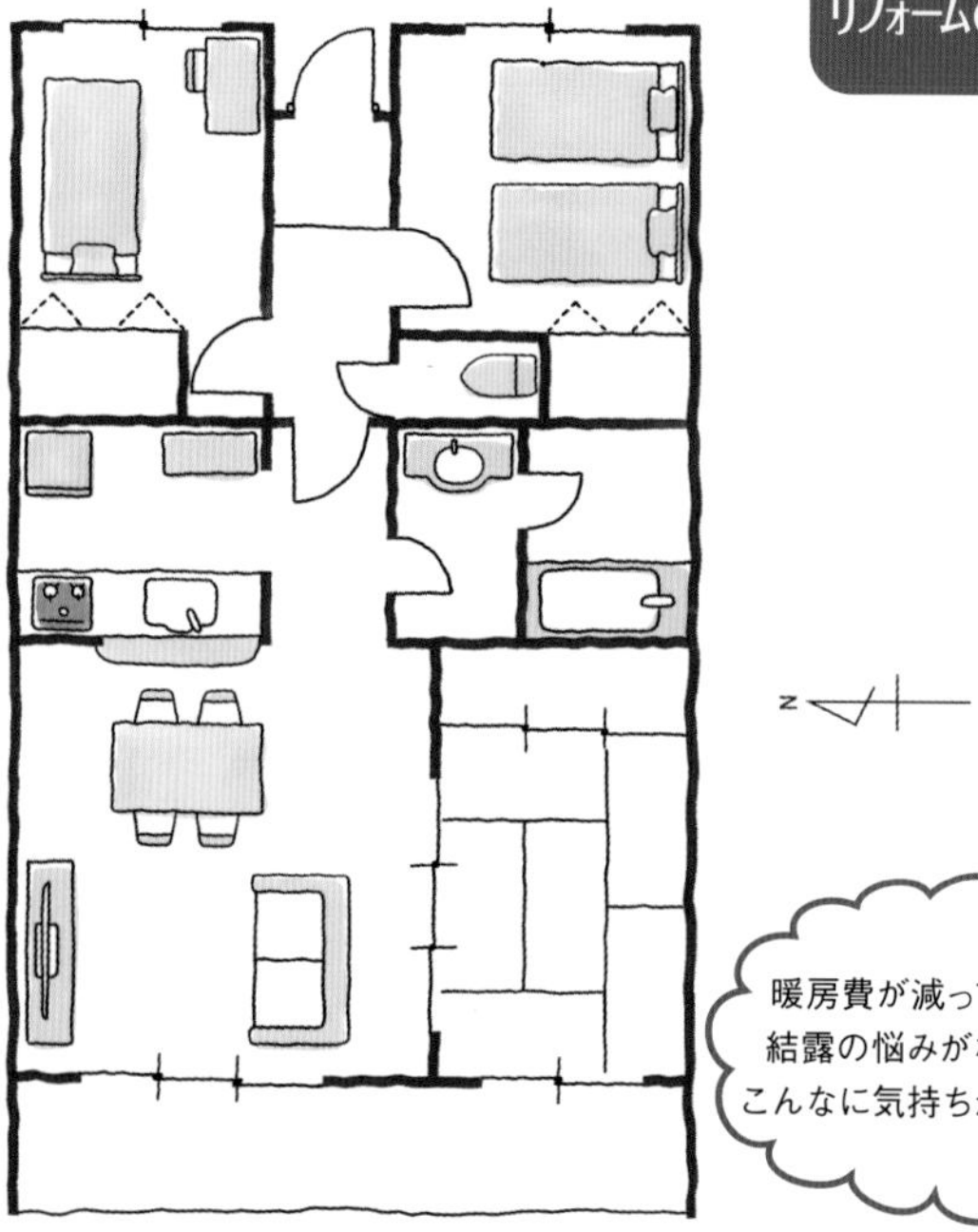

暖房費が減って暖かく、結露の悩みがないのは、こんなに気持ちが楽だとは!

3LDKのマンションに暮らすご夫妻の悩みは、冬場の寒さと結露。琵琶湖からの風が吹付けるため冬は寒く、夏は西日が入り込んで熱がこもってしまいます。元は長男と3人で暮らしていた住まいですが、すでに長男は独立しているため、定年後の暮らしも考慮して断熱リフォームを決断。

一番の目的は断熱ですが、これを機会に定年後の暮らしに最適な空間にリフォーム。6畳の和室とLDを一体化し、ゆったりとくつろげる大空間に。一角には畳コーナーを設け、寝転んだり、洗濯物を畳むなどの家事コーナーにしたり、思った以上に便利な場所になりました。また、使っていなかった長男の部屋を片付けて奥様の寝室に。どちらかが要介護状態になってもこれなら安心。不要な物を断捨離し、空いたスペースを有効活用することもできました。

リビング空間を広げ、すべてのドアを引き戸に。これだけで、気持ちまで温かく、開放的に！

After

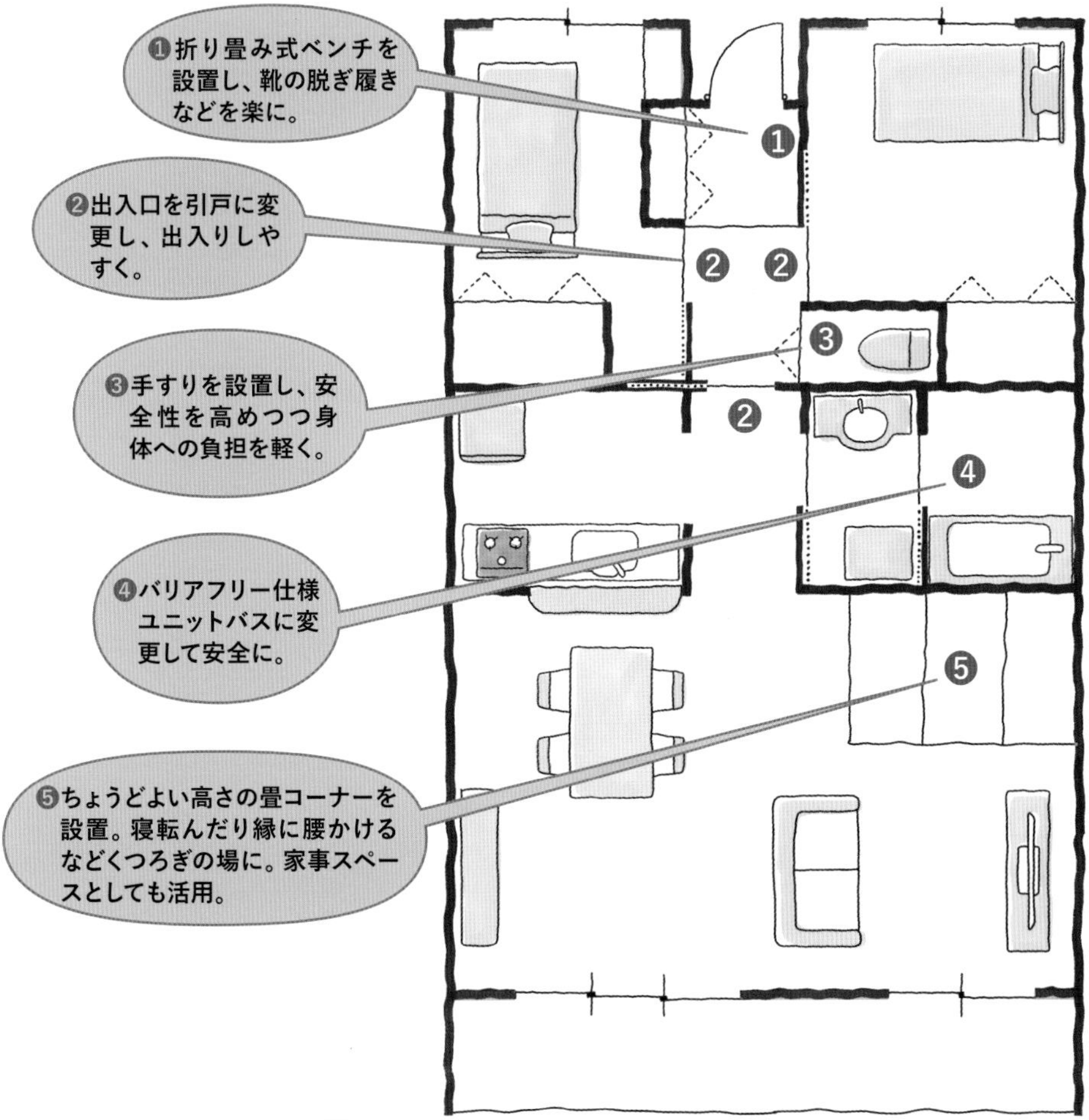
❶折り畳み式ベンチを設置し、靴の脱ぎ履きなどを楽に。
❷出入口を引戸に変更し、出入りしやすく。
❸手すりを設置し、安全性を高めつつ身体への負担を軽く。
❹バリアフリー仕様ユニットバスに変更して安全に。
❺ちょうどよい高さの畳コーナーを設置。寝転んだり縁に腰かけるなどくつろぎの場に。家事スペースとしても活用。
❶
❷
❷
❸
❷
❹
❺

：断熱範囲

2次リフォーム

寝室とトイレの間に引戸を設置し、寝室からの直接アプローチを確保

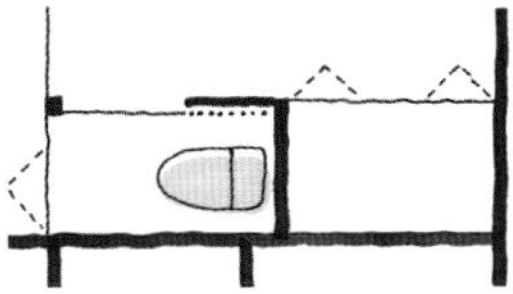

断熱工事概要

- 全室の窓に内窓を設置
- 外気に接する部分（窓周辺）の壁を断熱補強
- 熱交換換気システムを設置
- 浴室暖房乾燥システムを設置

家事動線に配慮したリフォーム

在宅勤務のおかげで、夫にも家事の手伝いをする気持ちが。
でもなれない家事の動きは大変で、
義務感だけにならないように、
現役夫婦が毎日の家事をラクにするための断熱リフォーム。

マンションのリフォーム❷

Before

神奈川県横浜市
夫58歳、妻52歳
マンション3LDK、8階建ての4階、築15年

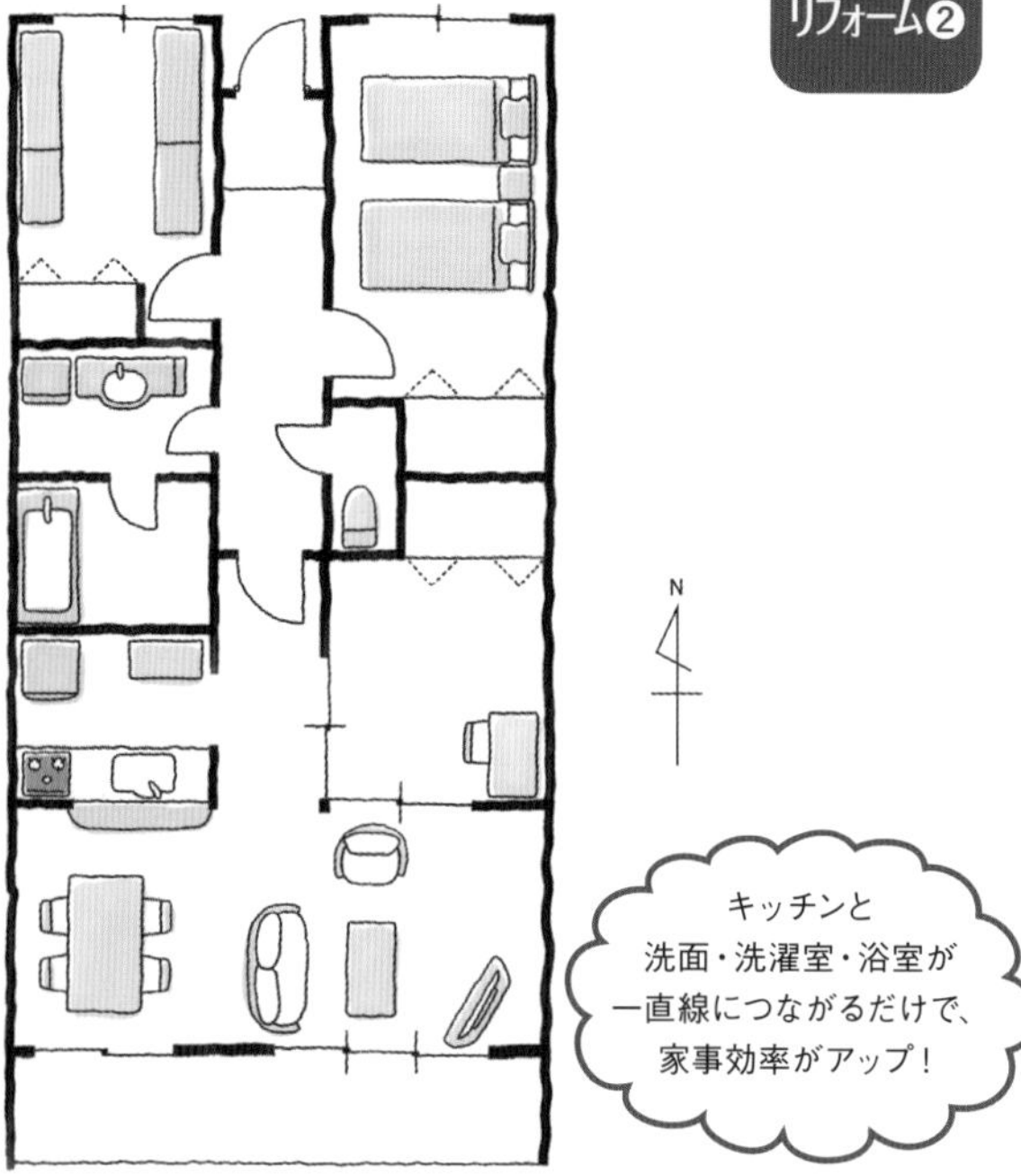
N
キッチンと
洗面・洗濯室・浴室が
一直線につながるだけで、
家事効率がアップ！

テレワークの普及により家で仕事をする人が増えています。会社員のご主人も今まではリビングに面した小さな洋室で仕事をしていましたが、日照がなく、閉鎖的なことが気になっていました。一方、外でフルタイムで働いている奥様は、家事動線を工夫して家事をラクにし、将来のことも考えてご主人も家事に参加しやすい環境にしたいと常々思っていました。

そこで、まずは洋室の壁を撤去して広いLDKにリフォーム。一角をワークスペースとしたことで、日当たりもよく開放的な仕事場が生まれました。また、洗濯機とキッチン、バルコニーを直線に結んだことで家事効率がグンとアップ。ご主人が仕事の合間に洗濯をしたり、奥様が料理の途中で洗濯を取り込んだりすることもラクにできるようになりました。

After

キッチンから浴室まで引戸を開ければ移動が楽。断熱改修して、開けっ放しで暖房費の心配もなし。

❶折り畳み式ベンチを設置し、靴の脱ぎ履きなどを楽に。

❷ほとんどの出入口を引戸に変更し、開放的で出入りしやすく。

❸手すりを設置し、安全性を高めつつ身体への負担を軽く。

❹バリアフリー仕様ユニットバスに変更して安全に。

❺上部に楽々収納できる可動式ウォールキャビネットを設置。

❻上部に室内干用物干しポール、下部に跳ね上げ式作業台を設置。洗濯物干しやたたみなどが楽にできるスペースに。

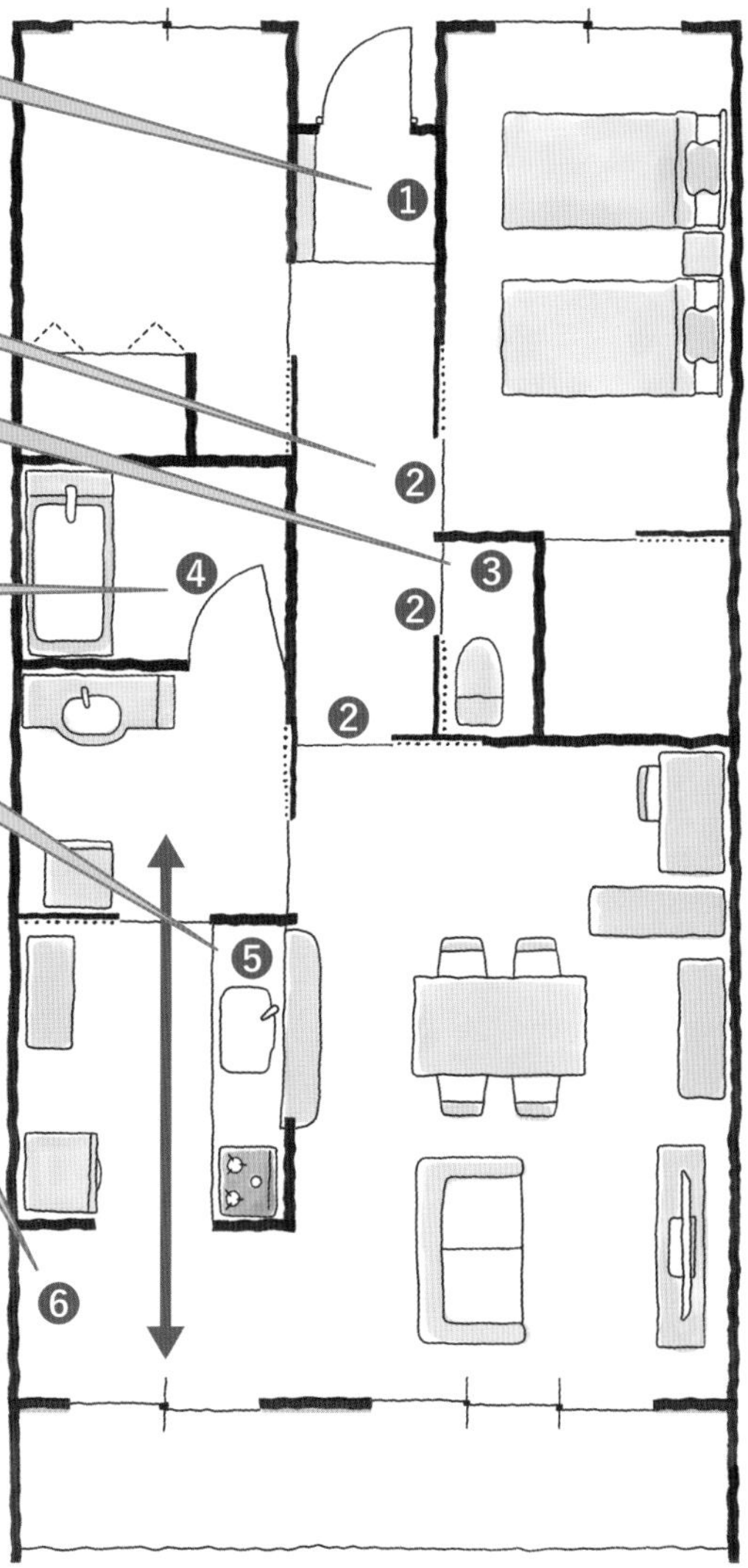

▬ ：断熱範囲

2次リフォーム

WIC（ウォークインクローゼット）とトイレの間に引戸を設置し、WIC内を整理して、寝室からトイレへの動線を確保。トイレの両側の引戸を開くことにより、介助スペースの確保も可能。

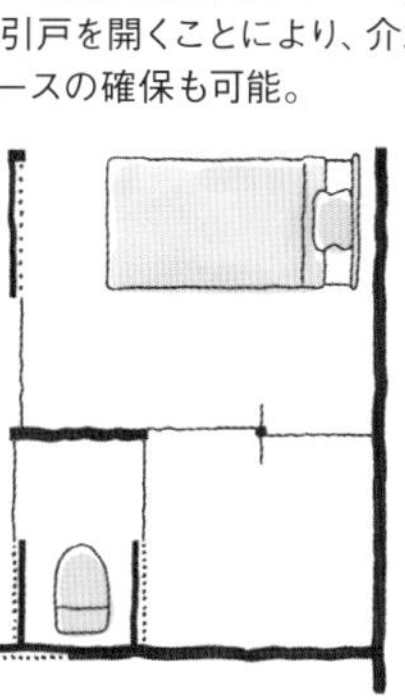

断熱工事概要

- ●全室の窓に内窓を設置
- ●外気に接する部分（窓周辺）の壁を断熱補強
- ●熱交換換気システムを設置
- ●浴室暖房乾燥システムを設置

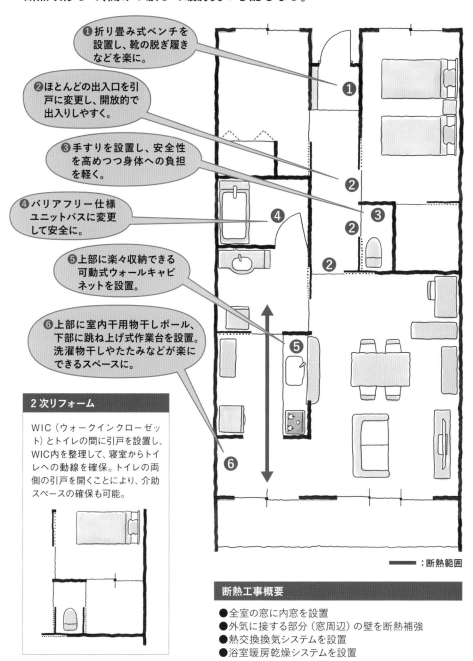

**リフォームの最初の関門は、
相談先や依頼先をどこにするかという選択です。
悪質業者とのトラブルを避けるためにも、
正しい選択肢につながる情報ルートを知っておきましょう。**

どこに相談する？ 依頼する？

一般的には、①新築時の住宅メーカーや工務店、設計事務所 ②①以外の住宅および住宅設備メーカーのリフォーム部門、工務店、リフォーム専門会社 ③それ以外の独立設計事務所などです。

しかし、なじみのない知らないところに依頼するのはどこか不安なものです。昔から付き合いのある、地元で信頼されている工務店などがあればよいのですが、法改正も多い省エネ基準に精通し、「住宅省エネ2023キャンペーン」（P109）等の補助金などを申請できる登録業者であるかどうかも大事なポイントです。

リフォームに限らず、契約で後悔しやすい一つの要因が業者に〝お任せ〟過ぎること。ある程度ご自分で断熱省エネリフォームの前知識をもち、どんなメーカーや業者が信頼できる協会等の登録会員になっているかなど、情報を得てから、選択を。

費用の目安は？

気になる費用ですが、新築と異なり、築年数も仕様も状況も物件毎に異なり、住人の年齢や家族構成、希望する住まい方等々もたくさんの事情が絡まり、予算の目途にとても時間を要することがままあります。雑誌などでは大雑把な予算目途が提示されますが、実際にはそこから大きくずれてしまうことも少なくありません。

しかも建築費用は材料、運賃、人件費等も変動し、一定の目安の掲示は困難なもの。左頁のような団体等のサイト情報などを適宜ご参考ください。

リフォームは、これからの生き方、過ごし方の設計図になるもの。予算先行で考えず、まず、どのような住まいなら自分にとって幸齢住宅になるのかを見据え、経験豊富な信頼できるプロに資金のことも相談もしながら模索して進めてください。

＜知っておきたい、リフォーム情報や相談先＞

一般社団法人日本サステナブル建築協会

省エネルギー、省 CO_2 等環境性能に優れた建築の調査・研究を推進。「調査・研究事業」のページには SWH（スマートウエルネス住宅）研究の意義や目的がしめされています。

一般社団法人住宅リフォーム推進協議会

業界団体でつくるリフォームの情報基地。「いつするの？」「何ができるの？」「どこに頼めばいいの？」「お得な制度？」などや、地方公共団体の補助制度の検索もできます。

一般社団法人健康・省エネ住宅を推進する国民会議

家族の健康を住まいから考える学術＆住宅関連産業による団体。ここから地域協議会が全国に広がっています。ホームページでお住まいの地域の協議会の検索を。

リビングデザインセンター OZONE

東京新宿にある住まいづくりの情報センター。中立の立場で、リフォームなど要望の相談に適正な依頼先を紹介してくれます。（一部の相談は有料）

一般財団法人ベターリビング

旧建設省（現国土交通省）の認可で設立された組織が始まり。現在も公正・中立な第三者機関として住宅・建築に関する基準認証から、消費者向け「お客様相談窓口」の設置まで。

三井住友トラスト・ホールディングス

＜超高齢社会＞

超高齢社会に対する様々な情報を提供しています。「シニア世代の住まいを考える」小冊子をはじめとした住まいの情報も掲載しています。

（令和４年度版）

住宅リフォーム推進協議会が発行しているこの冊子には、リフォームで大切なポイントのすべてと、信頼できる業者の探し方から、知って得する支援制度まで、とてもわかりやすくまとまっています。同協議会の Web サイトから PDF が入手できます。

住まいるダイヤル

国土交通大臣指定の相談窓口

0570-016-100

住宅の不具合、業者とのトラブルなどの相談窓口です。リフォームの見積もりが妥当か判断できない時なども役にたちます。

引用文献

1） WHO Housing and health guidelines, 2018
https://www.who.int/publications/i/item/9789241550376

2） Hypertension News 4 月号
https://ish-world.com/wp-content/uploads/2023/05/ISH-HTN-April-2023-13.pdf

3） Umishio W, Ikaga T, Kario K, et al.: Role of housing in blood pressure control: a review of evidence from the Smart Wellness Housing survey in Japan, Hypertens Res, 46 (1):9-18, 2023

4） 村上周三, 伊香賀俊治：住環境と" 健康日本 21（第二次）", 別冊 医学のあゆみ, 122-127, 医歯薬出版, 2020

5） 日本サステナブル建築協会：住宅の断熱化と居住者の健康への影響に関する全国調査 第 7 回報告会, ～国土交通省スマートウェルネス住宅等推進事業調査に基づく、「生活環境病」予防の医学的エビデンス～ ,2023 年 2 月.
https://www.jsbc.or.jp/document/files/230214_event_doc.pdf

6） Umishio W, Ikaga T, et al.: Disparities of indoor temperature in winter: A Cross-sectional analysis of the Nationwide Smart Wellness Housing Survey in Japan. Indoor Air 30(6): 1317-1328, 2020

7） Umishio W, Ikaga T, Kario K, et al.: Cross-Sectional Analysis of the Relationship Between Home Blood Pressure and Indoor Temperature in Winter, A Nationwide Smart Wellness Housing Survey in Japan. Hypertension 74(4): 756-766, 2019

8） Umishio W, Ikaga T, Kario K, et al.: Intervention study of the effect of insulation retrofitting on home blood pressure in winter: a nationwide smart wellness housing survey. J Hypertension 38(12): 2510-2518, 2020

9） Umishio W, Ikaga T, Kario K, et al.: Electrocardiogram abnormalities in residents in cold homes: a cross-sectional analysis of the nationwide Smart Wellness Housing survey in Japan, Environ Health Prev Med. 26, 104, 2021

10） Umishio W, Ikaga T, Kario K, et al.: Association between Indoor Temperature in Winter and Serum Cholesterol: A Cross-Sectional Analysis of the Smart Wellness Housing Survey in Japan, J Atheroscler Thromb, 29, 2022

11） 松本実紗, 伊香賀俊治, 他：冬季の室内温熱環境が脳健康指標に及ぼす影響に関する横断調査及び縦断調査, 住環境が脳機能に及ぼす影響に関する実測調査（その 8）, 日本建築学会大会学術講演梗概集, 環境工学 I, 169-170, 2019

12） 石井智大, 伊香賀俊治, 他：冬季住宅内温熱環境が 5 年後の脳健康指標の経年変化に及ぼす影響, 住環境が脳機能に及ぼす影響に関する実測調査（その 12）, 日本建築学会大会学術講演梗概集, 環境工学, 2023

13） Odgerel C, Fujino Y, Ikaga T, et al.: Perception of feeling cold in the bedroom and sleep quality, Nagoya J. Med. Sci. 83(4):705-714, 2021

14）Ishimaru T, Fujino Y, Ikaga T, et al.: Impact of Cold Indoor Temperatures on Overactive Bladder: A Nationwide Epidemiological Study in Japan. Urology, 145: 60-65, 2020
15）Asakura T, Ikaga T, et.al.: Field survey on bedroom thermal environment and sleep quality in Japan, 8th Int. Conference on Energy and Environment of Residential Buildings, 2018
16）岡浩一朗，他：座位行動の科学―行動疫学の枠組みの応用，日本健康教育学会誌　(21)2；142-153, 2013（グラフは、Bauman らを基に作成）
17）伊藤真紀，小熊祐子，伊香賀俊治，他：成人における冬季の住宅内の暖房使用と座位行動および身体活動：スマートウェルネス住宅調査による横断研究，運動疫学研究 23(1): 45-56, 2021
18）伊藤真紀，小熊祐子，伊香賀俊治，他：断熱改修が成人における冬季の住宅内座位行動および身体活動に及ぼす影響：スマートウェルネス住宅調査による準実験的研究，運動疫学研究 25(1)(早期公開), 2023
19）中島侑江，伊香賀俊治，他：地域在住高齢者の要介護認定年齢と冬季住宅内温熱環境の多変量解析，日本建築学会環境系論文集 84(763): 795-803, 2019
20）小野万里，伊香賀俊治，他：住宅内温熱環境の主観評価と要介護度の変化の関連，冬季の住宅内温熱環境が要介護状態に及ぼす影響の実態調査 その 3：日本建築学会環境系論文集 85(769): 197-204 (2020)
21）土屋瑠見子・石橋智昭・二宮彩子：居宅の冷暖房設備状況が要介護高齢者の主観的well-being に与える影響；3 種類の屋外温熱環境条件での横断研究，第 14 回日本応用老年学会大会（京都），2019
22）日本サステナブル建築協会：住宅の断熱化と居住者の健康への影響に関する全国調査 第 6 回報告会，～国土交通省スマートウェルネス住宅等推進事業調査による住環境政策に資する医学的エビデンス～ ,2022 年 2 月.
23）東京消防庁ＨＰ：救急搬送データからみる高齢者の事故，～日常生活での高齢者の事故を防ぐために～, https://www.tfd.metro.tokyo.lg.jp/lfe/topics/202009/kkhansoudeta.html
24）消費者庁 HP：記事「冬季に多発する高齢者の入浴中の事故に御注意ください！，自宅の浴槽内での不慮の溺水事故が増えています，2020 年 11 月
https://www.caa.go.jp/policies/policy/consumer_safety/caution/caution_042/
25）内閣府防災情報：特集 地震発生！ あなたの住まいは大丈夫？ 耐震補強、家具転倒防止
https://www.bousai.go.jp kouhoubousai › special_04 .html
26）児玉道子「ジェロントロジー・ライブラリー③　高齢期の住まいと安全　住宅改修と地震対策でまちづくり」　社会保険出版社
27）三平洵・監修「シニアのための安心避難計画」　社会保険出版社
28）片田敏孝・監修「シニアのための地震津波対策」　社会保険出版社
29）稲垣栄三：戦後住宅に見られる個室化の傾向，すまいろん，47,36-39,1998
30）新開省二，藤田幸司，藤原佳典，他：日本公衛誌， 52(7), 627-638, 2005

31）小林江里香 , 深谷太郎 , 杉原陽子 , 他：第 28 回日本老年学会（合同選抜ポスター）, 大阪 , 2013
32）星旦二：ゼロ次予防に関する試論 , 地域保健 ,(6):1, 1989
33）「省エネ建材、で快適な家、健康的な家」一般社団法人　日本建材・住宅設備産業協会省エネルギー建材普及促進センター
34）「温熱環境リフォーム設計・施工ガイドブック」ベターリビングより一部改変
35）柴田博：高齢社会の実像 , 栄養日本 ,42(9):521-530,1999
36）東京都健康長寿医療センター研究所健康長寿ガイドライン策定委員会（社会参加班）・監修「4 つのカギで人やまちとつながろう」　社会保険出版社
37）Taniguchi Y et al.：Association of Trajectories of Higher-Level Functional Capacity with Mortality and Medical and Long-Term Care Costs Among Community-Dwelling Older Japanese, J Gerontol A Biol Med Sc. 74（2）：211-218, 2019 の図を改変
38）東京都健康長寿医療センター研究所 健康長寿新ガイドライン策定委員会（フレイル班）・監修「３本の矢でフレイルを防ごう！」　社会保険出版社
39）内閣府令和 4 年版「高齢社会白書」
40）厚生労働省「健康寿命における将来予測と生活習慣病対策の費用対効果に関する研究報告書　平成 24 年度」
41）古谷野亘 , 他 : 地域老人における活動能力の測定 - 老研式活動能力指標の開発 , 日本公衆衛生雑誌 , 34（3）:109-114, 1987
42）権藤恭之 , 他：超高齢期における身体機能の低下と心理的適応—板橋区超高齢者訪問悉皆調査の結果からー , 老年社会科学 , 27（3）:327-338, 2005
43）佐藤眞一・権藤恭之（編著）「よくわかる高齢者心理学」　ミネルヴァ書房 2005
44）Menec.V.H.Chipper eld, et.al：Self-perceptions of health analysis of mortality ,control, and health. The Jornals of Gerontol, Series B. 54(2):85-93, 1999
45）三浦宏子, 他 : 地域高齢者における主観的健康感と咀嚼能力評価に関する研究 , 老年歯学 , 12, 50-54, 1997
46）島井 哲志 , 他：日本版主観的幸福感尺度（Subjective Happiness Scale: SHS）の信頼性と妥当性の検討 , 日本公衆生雑誌 51(10):845-853,2004
47）L.R.Goulet and P.B. Baltes (Eds.) Life-Span Developmental Psychology: Research and Theory.NewYork:Academic Press.1970
48）生活・福祉環境づくり 21・日本応用老年学会（編著）「高齢社会の道案内　ジェロントロジー入門」社会保険出版社　2013 より制作
49）サムエル・ウルマン　作山宗久（訳）「青春とは、心の若さである。」　角川文庫より一部抜粋
50）生活・福祉環境づくり 21・日本応用老年学会（編著）「高齢社会の道案内　ジェロントロジー入門」　社会保険出版社　2013 より一部改変

51）国土交通省 , 第 22 回社会資本整備審議会　建築研究部会（2021.11 月）資料を一部改変
52）国土交通省 , 社会資本整備審議会　建築分科会　建築環境部会　建築物エネルギー消費性能基準等小委員会（2021.11 月）資料より作成
53）総務省統計局 , 消費者物価指数・月次電気代の推移
54）国土交通省 HP　住宅リフォームの支援制度　※令和 5 年 3 月 1 日時点 (mlit.go.jp)　より一部改変

参考文献（P100 ～ 103）

・日本応用老年学会　検定委員会（編著）「すぐわかる！ジェロントロジー」　社会保険出版社　2019
・佐藤眞一・権藤恭之 (編著)「よくわかる高齢者心理学」　ミネルヴァ書房　2016
・増井幸恵：老年的超越 , 日老医誌 53 : 210－214 , 2016
・ラーシュ・トーンスタム　「老年的超越―歳を重ねる幸福感の世界」（翻訳）冨澤公子・タカハシマサミ, 晃洋書房　2017
・増井幸恵「話が長くなるお年寄りには理由がある」　PHP 新書　2014

編集後記

巻頭から第1章は、人生100年時代を自分ごととして捉え、60、70代から先の人生の土台を支えるのは、何か？ それに気づいていていただくための導入です。お金をためていても、生活環境病という今まで意識してこなかった罠につかまり、不本意な人生の結末を招くリスクをご理解いただいたのではないでしょうか。

そうなる前にどうする？ 第2章から5章まで、生活環境病と住まいの密接な関係を理解し、住まいを見直し、最後まで精神的にも円熟して生きてゆく道案内をさせていただきました。医学、建築学、心理学、そして住宅産業、金融支援の知恵を集大成した1冊です。

このような多面的な知見を横断的、学際的に捉えて、人間を、人生を、幸せを考える。これこそ老年学（ジェロントロジー）の真髄でもあります。本邦初の「住まいのジェロントロジー」がみなさまのウエルビーイング構築の一助になることを心より願っております。

（萩原真由美／社会保険出版社顧問・医学ジャーナリスト）

監修者プロフィール

伊香賀　俊治（いかが　としはる）

1959 年東京生まれ。1981 年早稲田大学理工学部建築学科卒業、同大学院修了。（株）日建設計 環境計画室長、東京大学助教授を経て、2006 年慶應義塾大学理工学部教授に就任、現在に至る。専門分野は建築・都市環境工学、博士（工学）。日本学術会議連携会員、日本建築学会副会長、日本 LCA 学会副会長、日本応用老年学会理事を歴任。主な研究課題は『住環境が脳・循環器・呼吸器・運動器に及ぼす影響実測と疾病・介護予防便益評価』。著書に『すこやかに住まう、すこやかに生きる、ゆすはら健康長寿の里づくりプロジェクト』など。

編集協力

土屋瑠見子（一般財団法人 医療経済研究・社会保険福祉協会 医療経済研究機構）

児玉道子（東海工業専門学校金山校教諭 日本福祉大学講師／工学博士）

staff

アートディレクション：村上祥子（環境デザイン研究所）／デザイン：石井愛夏（環境デザイン研究所）／イラスト：前田晃男・亀倉秀人／ライティング：切替智子（P30 ～ 33）／編集：大内星児（社会保険出版社）

“生活環境病”による不本意な老後を回避する
－幸齢住宅読本－

2023 年 6 月 15 日　初版発行

監　修　伊香賀俊治

企　画　住まいと住まい方のジェロントロジー研究会

発行人　髙本哲史

発行所　株式会社 社会保険出版社

〒101-0064　東京都千代田区神田猿楽町 1-5-18

TEL 03-3291-9841（代表）　FAX 03-3291-9847

ISBN978-4-7846-0364-0